Ralph Hoppe

DIE FRIEDRICHSTRASSE

Pflaster der Extreme

be.bra verlag
berlin.brandenburg

CIP-Kurztitelaufnahme der Deutschen Bibliothek
Die Friedrichstrasse : Pflaster der Extreme /
Ralph Hoppe. – Berlin-Brandenburg : be.bra-Verl., 1999
ISBN-3-930863-61-8

© be.bra verlag GmbH,
Berlin-Brandenburg 1999
Zehdenicker Straße 1, 10119 Berlin
http://www.bebraverlag.de
bebraverlag@t-online.de
Gestaltung Iris Farnschläder, Kassel
(Umschlagfoto: Landesbildstelle Berlin)
Schrift Foundry Old Style 10,2/14 pt
Lithografie Bildpunkt, Berlin
Druck und Bindearbeiten
Universitätsdruckerei H. Stürtz, Würzburg
ISBN 3-930863-61-8

Inhalt

Vorwort

»Das ist die große Friedrichstraße …«

»Jetzt sehen Sie mal rechts und links. Das ist die große Friedrichstraße. Wenn man diese betrachtet, kann man sich die Idee der Unendlichkeit veranschaulichen. Laßt uns hier nicht zu lange stehenbleiben. Hier bekömmt man den Schnupfen. Es wehet ein fataler Zugwind zwischen dem Hallischen und Oranienburger Tore.«[1]

So schildert es von den »Linden« aus Heinrich Heine in seinem »Ersten Brief« aus Berlin, datiert vom 26. Januar 1822. Die »große Friedrichstraße«? Der eine Friedrich war »groß«, die Straße aber doch wohl lang. Das Adjektiv bezog sich auf die schnurgerade Ausdehnung und war geläufig im Sprachgebrauch. Freiherr von Zedlitz schreibt 1834 inm »Handbuch für Berlin und Potsdam«: »… auch die Große Friedrichsstraße genannt; sie hat, wie der Stadttheil in dem sie liegt, ihren Namen von ihrem Erbauer (…) sie ist zwei italienische Meilen lang; deutlicher läßt sich diese Länge mit 850 Rheinländischen Ruthen oder 5.100 Schritten oder 10.200 Fuß bezeichnen, welches also so viel als zwei neue engl. Meilen oder fast eine halbe geographische deutsche Meile, von denen 15 auf einen Grad gehen, beträgt. Neben ihrer Länge ist nicht minder ihr gerader Lauf bemerkenswerth.«[2]

Die Längenangaben schwanken, liegen aber immer über 3.000 Meter. Die schnellsten Läufer der Welt brauchen für diese Strecke nicht ganz acht Minuten. Wir wollen uns Zeit lassen auf der Friedrichstraße. Zu verfolgen ist eine über 300jährige Entwicklung der längsten Straße des alten Zentrum Berlins, zwischen den heutigen Bezirken Mitte und Kreuzberg. Es sei erwähnt, daß die Bundeshauptstadt Berlin rund 10.000 Straßen besitzt.

Dem Straßenzug haftet ein Mythos an. Der Bahnhof Friedrichstraße beanspruchte nach seiner Eröffnung im Jahre 1882 vor allem, an Aufschwung und Bekanntheitsgrad der Straße teilgehabt zu haben. Ohne ihn wäre einiges anders verlaufen, denn er war der einzige Ankunfts- und Abfahrtsort im westlichen Teil der alten Berliner Mitte. Nicht zuletzt der Bahnhof und die dort ankommenden und abfahrenden Menschen prägten das Bild der Straße: eng, laut, lang, voll, berauschend und zugleich ernüchternd.

Von ursprünglich 251 Hausnummern existieren noch 246, aber es gibt nicht gleich viel Gebäude. Heute stehen auf unterschiedlich großen Grundstücken gut 100 Häuser und Komplexe, davon weniger als die Hälfte Altbauten, die vor dem Zweiten Weltkrieg errichtet wurden. Nach der Zerstörung durch den Krieg kam die Teilung. Nach der Beseitigung der Berliner Mauer und der Wiedervereinigung kam neues Leben. Keine andere Straße im alten Zentrum ist so massiv neu bebaut, saniert, diskutiert und rückerinnert worden wie die Friedrichstraße, doch nicht in Kreuzberg, sondern fast ausschließlich im nördlichen Teil, oberhalb des ehemaligen Grenzübergangs Checkpoint Charlie. Die Lage in Mitte, der hohe Bekanntheitsgrad, all die Legenden begünstigten den Boom – und eine nicht geringe Zahl an Freiflächen und frei gemachten Bauflächen. Dabei gerät schnell aus dem Blickfeld, daß in den achtziger Jahren, noch zu Zeiten der DDR, eine ganze Anzahl von Neubauten entlang der Friedrichstraße eine Wiederbelebung und Aufwertung einleiteten.

Wo begann die Geschichte eines Kranzler oder Kempinski in Berlin? Wo lief der Projektor für den ersten Kinofilm in Deutschland? Wo verlobte sich einst Theodor Fontane? Wo vereinigten sich Kommunisten und Sozialdemokraten zur SED? Wo standen sich amerikanische und sowjetische Panzer gegenüber? Wo lag das einzige Grand Hotel der DDR? An der Friedrichstraße. Ihrem Werden und Vergehen und erneutem Werden ist dieses Buch gewidmet.

Die längste Straße im alten Berlin

Ursprünge und Anfänge

Die Friedrichstraße trat zunächst als Querstraße in die Geschichte. Die Doppelstadt Berlin-Cölln war bis ins 17. Jahrhundert hinein zwar kurfürstliche Residenzstadt an der Spree, konnte aber in keiner Weise mit den prächtigen Hauptstädten der Fürstentümer Süd- und Westdeutschlands konkurrieren.

Die meisten Häuser waren noch aus Lehm und Holz gebaut, die Einwohner Ackerbürger, die Stadt geprägt von Viehhaltung und Ställen. Nur wenige wohlhabende Kaufleute hatten sich Backsteinhäuser mit verzierten Fassaden errichten lassen. 845 Häuser zählte man in Berlin, 364 in Cölln – keine imposante Zahl für die Residenz eines Herrschers, der als Großer Kurfürst in die Geschichte eingehen sollte.

Die Spuren, die der bis 1648 dauernde Dreißigjährige Krieg hinterließ, waren verheerend. Die Zahl der Bewohner Berlin-Cöllns war von rund 12.000 gegen Ende des 16. Jahrhunderts auf ganze 6.000 gesunken. Viele Häuser der Stadt standen verlassen. Kurfürst Friedrich Wilhelm, seit 1640 auf dem Thron der Hohenzollern, setzte alles daran, die Stadt vor dem gänzlichen Niedergang zu bewahren. Zuallererst forcierte er den Ausbau der barocken Festungsanlage, um künftig besser gegen feindliche Angriffe und Belagerungen gewappnet zu sein. Diese Festungsanlage schloß neben Berlin und Cölln eine erste kurfürstliche Stadterweiterung ein: den sogenannten Friedrichswerder. Die Stadt rappelte sich wieder auf, die Zahl der Bewohner nahm zu, im Zeitraum der Regierung Friedrich Wilhelms von 6.000 auf 20.000.

Ein Jahr nach dem Tod seiner ersten Gattin Louise Henriette 1667 vermählte sich Friedrich Wilhelm mit Herzogin Dorothea von Holstein-Glücksburg. Die zweite kurfürstliche Wohnanlage, die außerhalb der großen Festung in westlicher Richtung entstand, erhielt 1674 zu Ehren der Gemahlin den Namen Dorotheenstadt. Die zum Tiergarten oder umgekehrt zum Renaissanceschloß ausgerichtete Hauptmagistrale dieser Neustadt hieß Neustädtische Allee, dann Lindenallee, später Unter den Linden. Querstraßen gab es drei, aber nur eine hieß auch so. Sie verliefen rechtwinklig zur Hauptallee, dem gerasterten Ordnungsschema damaliger Städteplanung folgend. Auf dem äußerst qualitätvollen Perspektivplan von Jo-

Friedrich Wilhelm, der Große Kurfürst, und seine Frau Dorothea von Holstein-Glücksburg, nach der 1674 die Dorotheenstadt benannt wurde.

hannes Schultz aus dem Jahre 1688 ist die Querstraße zwischen zwei Brücken auszumachen und damit zwischen zwei weiteren Ausgängen aus der selbständigen, Stadtrecht genießenden Dorotheenstadt.

An ihrem nördlichen Ende bildete die hölzerne Konstruktion der Weidendammer Brücke den Spreeübergang und damit die Verbindung zu der im Entstehen begriffenen Spandauer Vorstadt mit ihrer Hauptverkehrsader Spandauer Heerweg – die spätere Oranienburger Straße. Südlich der Lindenallee lief die Querstraße auf die »Wache an der Potsdamer Brücke« zu. Das Straßenstück zwischen Lindenallee und »Wache« hieß fast zwei Jahrzehnte lang »An der Potsdamer Brücke«. Der Abschnitt oberhalb der damaligen Letzten Straße, heute Dorotheenstraße, und der Weidendammer Brücke führte durch feuchtes Wiesengelände und war noch unbebaut. Für diesen Teil des Weges halten Karten die Bezeichnung »Damm«, auch »Weidendamm« fest. »An der Potsdamer Brücke«, Querstraße und »Damm« bildeten in gerader Linie das Fundament für die längste Altstadtstraße Berlins: die spätere Friedrichstraße. Entscheidend für ihre weitere Entwicklung war, daß sie die wichtigste Querverbindung innerhalb der Dorotheenstadt darstellte, über die der Weg zu

bedeutenden Verkehrsadern von und nach Berlin eingeschlagen werden konnte. Die Allee Unter den Linden besaß nur am westlichen Ende ein Stadttor, die Querstraße aber deren zwei im Norden und Süden. Der heute 325 Jahre alte Schnittpunkt Friedrichstraße/Unter den Linden stellte das wichtigste Verkehrskreuz dieser Stadterweiterung dar – und führte östlich direkt zum Hohenzollernschloß.

Die Querstraße wird Friedrichstraße

Als Friedrich Wilhelm, der Große Kurfürst, die Herrschaft übernommen hatte, lag sein Regierungssitz, das im 16. Jahrhundert erbaute Renaissanceschloß, noch nördlich des Alt-Cöllner Zentrums, am Rande der Doppelstadt Berlin-Cölln. Um diese periphere in eine zentrale und damit auch gegen Angriffe gesicherte Lage zu verwandeln und den Sitz des Souveräns quasi in den Mittelpunkt der Stadt zu rücken, blieb nur die Anlage von Neustädten westlich vom Schloß. Die einzige Möglichkeit, eine weitere kurfürstliche Wohnstadt nach dem Friedrichswerder und der Dorotheenstadt zu entwickeln, ergab sich ledig-

Perspektivplan Berlin-Cölln von Johann Bernhard Schultz, 1688. Links die Dorotheenstadt, durch die die Querstraße führt.

lich im südwestlichen Winkel dieser Städte. Damit wäre die gesamte Stadtfläche, auch im Blick auf das Anwachsen im Norden, Osten und Süden, wieder »rund« geworden. Der Perspektivplan von Schultz zeigt, daß sich die Dorotheenstadt wie ein mächtiger Riegel westlich aus dem Stadtgebiet herausschiebt.

Nach dem Tod des Großen Kurfürsten 1688 folgte ihm sein Sohn Friedrich auf den Thron, und er ließ die geplante dritte kurfürstliche Wohnanlage erbauen, die seinen Namen tragen sollte: die Friedrichstadt. »Der Platz, wo sie jetzt stehet, enthielt vorher theils zur köllnischen Vorstadt gehörige Gärten, Wiesen und Aecker, theils gehörte er zum Thiergarten, und ehemaligen Kurfürstl. Vorwerke. Schon 1678 fing man an auf dem Grunde des Thiergartens die linke Reihe der Häuser unter den Linden auf der Dorotheenstadt zu bauen; welches damals die Friedrichstadt genennet ward.«[3] Die zunächst unbebaute Südseite der »Linden« wurde bis zum Verteidigungsgraben auf Höhe der heutigen Behrenstraße mit Häusern bebaut und bekam nach Schilderung Friedrich Nicolais zunächst den Namen Friedrichstadt, ging aber später völlig in der Bezeichnung Dorotheenstadt auf. Weiter heißt es ebi Nicolai: »1688, gleich nach Friedrichs III. Regierungsantritt, ward im August eine Kommission (bestehend aus dem Obermarschall Grumbkau, dem Geheimrathe D. L. von Danckelmann, und den Baumeistern M. M. Smids und Nehring) verordnet, welche die Aecker und Wiesen, worauf die neue Friedrichstadt gebauet werden soll, so gut als möglich erhandeln sollen.«[4]

Der Stadt Cölln konnte ein Stück ihrer Stadtheide abgekauft werden, dazu die »kurze Heide«, ein kleines Fichtenholz, das sich bis zur Schöneberger Grenze hinzog und im 17. Jahrhundert bereits abgeholzt und parzelliert war – wie geschaffen für die Baustellen der Friedrichstadt.

Die Baumeister Smids und Nehring erarbeiteten die zukünftige städtische Struktur in bewährter Form: wie schon bei der Dorotheenstadt ganz nach dem Schema eines rechtwinklig sich schneidenden Straßenrasters, ohne dabei die Grundstücksverhältnisse genauer zu berücksichtigen. »Der Ankauf derselben fand manche Schwierigkeiten. Sogar die Landstände machten dawider Vorstellungen, so daß … verboten ward, ferner vor den Thoren zu bauen.« Doch die Errichtung der neuen Bauten schritt

voran. »Die erste Anbauung geschah gleich 1688, von der jetzigen Kronenstraße bis zur Jägerstraße, auf dem Grunde des ehemaligen Kurfürstl. Vorwerks und Gartens.« Dabei galt bis zu Nehrings Tod, daß alle Gebäude nach dessen eigenen oder doch von ihm gebilligten Zeichnungen »gebauet werden, mit der Drohung, widrigenfalls die Häuser wieder abbrechen zu lassen«[5].

Auch die Anlage der Straßen kam im großen und ganzen zustande wie geplant, wenn auch zum Teil erst nach Begradigung vorhandener, ursprünglich vor der Stadt gelegener Wege. Die einzige schon existierende Straße, die durch gerade Verlängerung in das neue Straßenraster hinein führte, war die Querstraße der Dorotheenstadt. Diese neue Magistrale der wachsenden Residenzstadt trug fortan den Namen Friedrichstraße, benannt nach ihrem Erbauer Friedrich III., mittlerweile König von Preußen.

Die nächste östliche Parallelstraße erhielt den Namen Charlottenstraße nach Friedrichs zweiter Frau Sophie Charlotte. Das Gebäude auf der Kreuzung Behren- und Friedrichstraße zeigte bis zu seiner Zerstörung im Zweiten Weltkrieg exakt die Stelle an, von wo die Verlängerung nach Süden sich anschloß. Dort nämlich legten die

Friedrich I., König von Preußen, gab der Friedrichstadt ihren Namen. Gemälde von David Krafft, 1704.

Planer eine breitere Straßenflucht fest, denn als neuer Hauptstraßenzug Friedrichstraße war die Querstraße schlichtweg zu schmal. Der Eckbau an der Nordwestseite der Kreuzung Behren- und Friedrichstraße schiebt sich auf alten Fotos markant ins Bild.

Um sich die so entstandene Länge der Friedrichstraße plastisch vor Augen führen zu lassen, hilft ein Mehrzeiler von Walter Mehring. Er nennt alle Straßen, die die Friedrichstraße im rechten Winkel schneiden:

»Parallele Straßen sind
Georgen-, Dorotheen-, Mittel-, Lind-,
Behren-, Franz-; merk auf mein Sohn;
Jäger-, Tauben-, Mohren-, Kron-,
Leipziger Straße und dann noch
Krausen-, Schützen-, Zimmer-, Koch-.
Aber über alle Maßen.
Lang und schön die Friedrichstraßen!«[6]

»Soldatenkönig« Friedrich Wilhelm

Zwischen Oranienburger und Halleschem Tor

1691 leitete Kurfürst Friedrich III. mit einem Edikt die weitere Entwicklung der Gegend nördlich der Spree ein, der sich mehr und mehr städtisch ausdehnenden Spandauer Vorstadt. Er gestatte seiner Frau, die »wüsten Teile« des zu ihrem Vorwerk vor dem Spandauer Tor gehörenden Landbesitzes an bauwillige Untertanen zu verkaufen. Es handelte sich dabei um das »Areal zwischen dero Garten, Ziegel-Scheune, Spree und Linden«[7]. Linden säumten den Weg, der gleich hinter der Weidendammer Brücke als Verlängerung der Querstraße und des »Dammes« nach Norden über die Spree führte. Bis 1786 wurde dieses Straßenstück als Dammstraße bezeichnet. Dann erhielt auch sie den Namen Friedrichstraße.

Das nördliche Ende der Friedrichstraße markierte das Oranienburger Tor. Schon ein 1723 von Dusableau gezeichneter »Plan von der Königlichen Residentz Stadt Berlin« zeigt den seinerzeitigen Verlauf der nördlichen Grenze Berlins mit den neuen Stadttoren. Hier ist gut zu erkennen, daß die Friedrichstraße von der Weidendammer Brücke schnurgerade auf das Oranienburger Tor zuläuft. Vor diesem befindet sich, am Ende der Oranienburger Straße, rechterhand ein Marktplatz, in den die Linienstraße mündet. Auf diesem auch als »Linden Marckt« bezeichneten Handelsplatz direkt hinter dem Stadttor konnten die Einwohner Berlins von Bauern und Händlern Waren kaufen, die zuvor an der Stadtgrenze verzollt werden mußten. Seit den Tagen des Großen Kurfürsten erhoben Beamten diese indirekte Verbrauchssteuer namens Akzise.

»Im Jahre 1720 reichte diese (Friedrich)Straße nur bis zum Hause Nr. 118, wo sich das Thorschreiberhaus und gegenüber das Wachthaus befanden.« Zwei starke Pfosten bildeten das eigentliche Tor. »Im Jahre 1789 wurden hier die hölzernen Pallisaden, mit welchen die Vorstädte zuerst umzogen waren, fortgenommen und mit einer massiven Stadtmauer versehen, so wie das Oranienburger Tor gebaut.«[8]

Nach Entwürfen von Karl von Gontard errichtet, bestand die Anlage aus einem Torbau mit erhöhtem Mitteltor für Wagen aller Art sowie aus zwei flankierenden Seitendurchgängen. Dem eigentlichen Stadtein- und -ausgang fügte der Architekt niedrigere, viertelkreisförmige Seitenflügel in Arkadenform hinzu. Den oberen Abschluß des Bauwerks bildeten zwei stilisierte Kriegerrüstungen und ein aufgesetzter Obelisk. In den späten sechziger Jahren des 19. Jahrhunderts mußte das Oranienburger Tor nach der Beseitigung der Zollmauer dem Verkehr weichen und wurde abgerissen.

»Die damalige Friedrichstadt endigte sich mit der Mauer- und der itzigen Junkerstraße«[9], heißt es bei Nicolai. Natürlich sollte die neue kurfürstliche Wohnanlage mit Mauer und Fortifikation umgeben werden. Doch dazu kam es nicht. Nach dem Tod des ersten Preußenkönigs im Jahre 1713 nahm der Sohn die nach seinem Vater benannte Friedrichstadt in Augenschein – und zeigte sich verstimmt. »Es waren aber noch immer viele wüste Stellen darin, deren Bebauung sich K. Friedrich Wilhelm von 1721 an mit scharfem Ernste angelegen seyn ließ. Theils ließ er selbst Gebäude aufführen, theils wurde den Bürgern die Bebauung dieser Plätze anbefohlen; und Gerlach hatte die Aufsicht darüber.«[10] Der in Spandau bei Berlin geborene Architekt Gerlach hatte während der Regierungszeit Friedrich Wilhelm I. durch herausragende Bauten von sich reden gemacht und galt als einer der angesehensten seines Faches.

Der neue Herrscher, in die Geschichte eingegangen als »Soldatenkönig«, strebte danach, seine Armee möglichst schlagkräftig auszurüsten. Ein starkes Heer aber kostete Geld, und so suchte der König nach Möglichkeiten, die Staatsfinanzen aufzubessern. Am ehesten schien dies durch ein verstärktes Steueraufkommen erreichbar, dies wiederum durch eine steigende Einwohnerzahl der Residenzstadt. Um den Neubau von Häusern zu forcieren, erließ er als Anreiz mehrere sogenannte »Patente«; 1721 ein

Das Oranienburger Tor begrenzte bis 1865 die Friedrichstraße im Norden. Rechts hinter dem Tor Borsigs Maschinenbaufabrik.

»Patent, betreffend die Benefica derjenigen, so auf der Friedrich-Stadt neu anbauen wollen«. In dieser Order verfügte er: »Wir wollen gerne die Friedrich-Stadt je eher je lieber völlig ausgebaut sehen und sey um solches zu befördern, geneigt denjenigen, die allda bauen, sowohl die Materialien dazu zu schenken als etwas Geld vorschießen zu lassen.[11]

Es folgten weitere königlichen Erlasse, beispielsweise ein vom 16. Mai 1729 stammendes »Renovirtes Patent, daß die Bau-Materialien und pro Cent-Gelder den Neuanbauenden auf der Friedrichstadt nicht als ein Vorschuß, sondern als ein wahres Geschenck zum Bau gereicht werden«.

Friedrich Wilhelms Rechnung ging auf: »Die Anzahl der Häuser nahm so zu, daß keine wüste Stelle mehr übrig blieb. Darauf befahl der König 1732 und in den folgenden Jahren, unter des Obersten von Derschau und Gerlachs Direktion die Friedrichstadt ansehnlich zu er-

weitern.«[12] Dies geschah gleichermaßen nach Westen wie nach Süden. Dabei verzichtete der König auf die ansonsten übliche Festungsanlage und ließ – im Gegensatz zur nördlich der Spree verlaufenden hölzernen Stadtgrenze – eine Mauer errichten, die lediglich fiskalischen Zwecken genügte.

Die Friedrichstraße rollten die Planer quasi wie einen Straßenteppich weiter nach Süden, bis sie auf die Lindenstraße traf, die wiederum südlich des repräsentativen Leipziger Tores an der barocken Festung ihren Anfang nahm. Schnittstelle beider Straßen wurde als neuer Stadtausgang ein Tor, von dem aus die Verbindung nach der Stadt Halle eingeschlagen werden konnte. Dieses »Hallesche Tor« am südlichen Ende der Friedrichstraße bestand aus zwei Pfosten mit bildhauerischem Aufsatz und etwas zurückversetzten eingeschossigen Gebäuden für die Akziseeintreiber und die Torwache.

Plan von Dusableau, 1723: Die Friedrichstraße führt quer durch nahezu das gesamte Stadtgebiet.

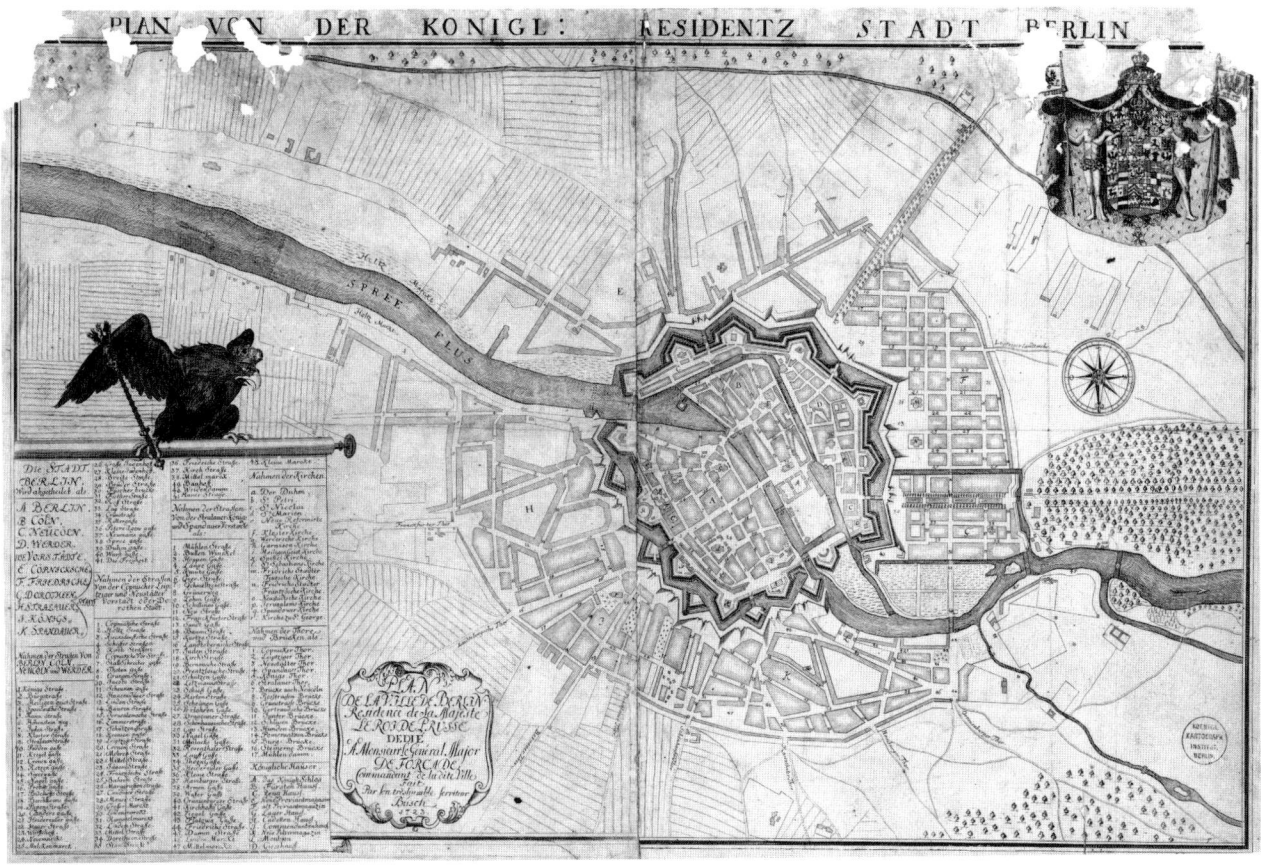

Damit die Grundstücke in der südlichen Friedrichstadt schnell Häuser trugen, übte der König weiteren Druck aus. »Besonders waren es die Gewerke«, welche die verlängerte Friedrichstraße in Richtung Hallesches Tor »bebauen mußten«. Die Schuhmacher, Schlosser, Bäcker, Maurer, Schneider, die Pantoffelmacher, Goldschmiede, Zimmerleute, Apotheker, Garnweber, Tabackspinner, Wein- und Bierschänker, Butterhändler, Sattler, Kaufleute der Judenschaft, Seidenwirker, Hutmacher, Posamentierer, Glaser, Tischler, die Pfefferküchler, Nadler, Hufschmiede, Goldsticker und Schönfärber siedelten sich an, die in der Nähe der Mauerstraße befindlichen Grundstücke wurden von königlichen Beamten bebaut.[13]

Die Erweiterung der Friedrichstadt erfolgte nicht auf der Grundlage des im späten 17. Jahrhundert üblichen Straßenrasters. Von wenigen Ost-West- und Nord-Süd-Straßenverlängerungen abgesehen, kam nur ein zusätzlicher, von Nord nach Süd gerichteter Hauptstraßenzug hinzu, die neu angelegte Wilhelmstraße.

König Friedrich Wilhelm plante, die Residenzstadt weiter auszudehnen, ohne in die Stadtmauer unzählige Tore brechen zu müssen. Die bereits vorhandenen Tore stellten nach seiner Ansicht ohnehin schon viel zu viele Schwachstellen für immer zu befürchtende Desertionen dar. So blieb es letztlich bei drei Toren, die in die neue Stadtmauer eingefügt wurden: am Ende der verlängerten Allee Unter den Linden das Brandenburger Tor, am Ende der Leipziger Straße das Potsdamer Tor und schließlich im Süden der geradlinig erweiterten Friedrichstraße das Hallesche Tor.

Die mit der Planung des weiteren Ausbaus der Stadt beauftragten Architekten wollten die Straßen nicht auf die Stadttore zuführen, sondern auf davor angelegte Plätze. Diese Plätze wiederum sollten nach einer Festlegung des Berliner Magistrats von 1735 zwei Kornmärkte und einen Fischmarkt aufnehmen und zudem als Exerzierplätze dienen. Den Berlinern jedoch erschien der Weg dorthin zu weit, und so wurden die Pläne zunächst nicht realisiert. Die Plätze indes wurden angelegt und setzten an der Grenze der westlichen Stadterweiterung drei geometrisch völlig unterschiedliche städtebauliche Glanzlichter: Es entstanden ein Karree (am Pariser Platz), ein Achteck (am Leipziger Platz) und das sogenannte Rondell am

Halleschen Tor, das 1815, nach den Befreiungskriegen, den Namen »Belle Alliance Platz« erhielt. Vorerst hieß die kreisförmige Platzanlage »Rondell«, gestaltet nach dem Vorbild der römischen Piazza del Popolo. Dort waren drei Straßen symmetrisch auf einen runden Platz mit mächtigem Obelisk ausgerichtet. Ähnliches schwebte Oberbaudirektor Gerlach mit dem Rondell am Halleschen Tor vor – mit der Friedrichstraße als mittlerer Achse und der im östlichen Winkel auf sie zulaufenden Lindenstraße.

Allein es fehlte der zur Lindenstraße gespiegelte dritte Straßenzug. Da der »römische Dreistrahl« unbedingt gewollt war, wurde die Wilhelmstraße angelegt, die, von Unter den Linden kommend, im Süden leicht eingeknickt wurde und so auf das Rondell zulief. Mit ihr war die preußische Piazza del Popolo perfekt. Auch einen »Obelisken« bekamen die Berliner noch dazu: 1813, drei Jahrzehnte nach Ende der Befreiungskriege, wurde eine Säule mit korinthischem Kapitell, in das auf jeder Seite vier preußische Adler eingepaßt wurden, auf dem Rondell aufgestellt. Diese »Friedenssäule« arbeitete der gebürtige Berliner Steinmetz Cantian, der auch die Großschale vor dem Alten Museum schuf. Obenauf bekam die Säule eine Replik einer Victoriafigur von Christian Daniel Friedrich Rauch, der zu jener Zeit sein Friedrich-Denkmal für die Linden schuf. Die mit Palmzweig und Lorbeerkranz darniederschwebende Victoria berührt nur mit ihrem linken Fuß den Boden des Säulenpostaments, das Kleid ist leicht aufgebläht, und ihre großen Flügel ragen über sie hinweg. Den kreisrunden Platz bis heute beherrschend, stellt die »Friedenssäule« das erste Bildwerk dar, das zwar nicht direkt in der Friedrichstraße, aber in deren Achse zentriert wurde.

Die Friedrichstraße war nach Erweiterung der Friedrichstadt und Anlage des Rondells die einzige Magistrale der königlichen Residenzstadt Berlin, die von zwei Stadttoren begrenzt wurde. Das verweist auf ihre außerordentliche Länge: drei Kilometer vom südlichen bis zum nördlichen Ende – mithin die »Große Friedrichstraße«.

Die Friedrichstadt um 1735.
Vom Rondell, dem späteren
Belle-Alliance-Platz, gehen
als Dreistrahl die Wilhelm-,
die Linden- und in der Mitte
die Friedrichstraße ab.

Eine aufstrebende Adresse

Die Anlage der Friedrichstadt und die damit verbundene Entstehung der Friedrichstraße war eine Folge des fortgesetzten Ausbaus der Residenzstadt Berlin, nachdem Kurfürst Friedrich III. das Erbe seines Vaters, des Großen Kurfürsten, antrat. 300 Häuser sollen bereits zur Friedrichstadt gehört haben, als ihr Oberbaudirektor Nehring 1695 starb. Die Landesregierung und der Hofstaat gaben als Auftraggeber wichtige städtebauliche als auch künstlerische Impulse. Mit Einsetzung eines Militärgouverneurs seit 1658 bildete dieser den verlängerten Arm bei der Durchsetzung der Pläne und Erlasse des Landesherrn; er trug zudem die Verantwortung für wichtige kommunale Bereiche Berlins, die zur Verbesserung des allgemeinen Zustands der Stadt, der Straßen und der sanitären Verhältnisse führten. Der Bau des Friedrich-Wilhelm-Kanals verband Berlin mit der Ostsee, die Stadt erhielt einen der bedeutendsten Binnenhäfen und überflügelte andere Handelsplätze. Die Gründung und der Ausbau von Manufakturen, vor allem im Tuchgewerbe, beförderten den wirtschaftlichen Aufschwung. Immer mehr Menschen strömten in den letzten Jahrzehnten des 17. Jahrhunderts nach Berlin, Ergebnis der Migrationspolitik der Landesherren, die bewußt auf die Zuwanderer und ihre ökonomischen und kulturellen Qualitäten setzten. Der Zustrom aus den Niederlanden blieb trotz verwandschaftlicher Beziehungen der Hohenzollern gering, die Zahl der nach dem Edikt von 1671 nach knapp 100 Jahren wieder zugelassenen Juden reglementiert. Die einflußreichsten Zuwanderer am Ende des 17. Jahrhunderts waren die französischen Hugenotten.

Weidendammer Brücke und Schiffbauerdamm, 1780.

Franzosen in der Friedrichstadt

Schon im Jahre 1706 hatte ein Straßenzug in der Friedrichstadt den Namen Französische Straße erhalten. Nachdem der französische König Ludwig XIV. Anfang Oktober 1685 das Edikt von Nantes aufhob und damit die Rekatholisierung seines Landes einleitete, begann die große Fluchtbewegung französischer Protestanten. 20.000 von ihnen strömten nach Brandenburg-Preußen. Diese Hugenotten in Berlin bildeten eine sogenannte »Kolonie eigenen Rechts«, das heißt, sie besaßen eine eigene Rechtsprechung und konnten sich nahezu autonom verwalten. Die französische Kolonie, die der preußischen Stadt bald zu wirtschaftlichem Aufschwung verhelfen sollte, siedelte sich auch in der gerade entstehenden Friedrichstadt an. Nach einer zeitgenössischen Erhebung lebten im Jahre 1700 von mehr als 5.300 Franzosen in Berlin über 1.000 in der Friedrichstadt.[14] Eigene Schulen und Kirchen wurden erbaut, und die Wohlhabenden unter den Neu-Berlinern gründeten zahlreiche Wohlfahrtseinrichtungen, die sogenannten »milde Stiftungen«. Auch hier zeigten sich die Hohenzollern in materieller und finanzieller Hinsicht behilflich.

In der Friedrichstraße befanden sich zwei Wohlfahrtseinrichtungen der Hugenotten, die »Maison de Refugé« und die »Maison francoise« oder »Maison de Charité«.

Die »Maison de Charité« war »die älteste Stiftung zum Besten der französischen Kolonie ... wo die Vertriebenen, sowie sie aus Frankreich ankamen, so lange aufgenommen wurden, bis sie Unterhalt fanden, oder andere Anstalten für sie gemacht wurden. Die Einkünfte dieser Stiftung werden jetzt dazu angewandt, einer gewissen Anzahl bejahrter Männer freye Wohnung und Unterhalt zu geben. Die übrigen Bedürfnisse schaffen sie sich durch ihre Arbeit. Das Konsistorum sorgt für ihre Kleidung, oder nimmt sie in das Hospital, wenn sie außer Stande sind zu arbeiten.«[15]

Friedrich Nicolai schrieb 1786 über die »Maison de Refugé«: »Als man den Refugierten in der Schweiz ... wegen ihrer so sehr vermehrten Anzahl 1697 andeutete, sie möchten auch anderswo einen Aufenthalt suchen, schickten dieselben aus ihren Mitteln Deputirte nach England, Holland und Deutschland ... K. Friedrich I. war sogleich geneigt, diesen Refugirten in seinen Staaten eine Freystatt zu gönnen. Viele Familien ... kamen also 1698 und 1699 hier an. Ein Theil der Summen, die sie zusammengebracht hatten, ward zur Reise und zum Unterbringen angewendet; von dem Ueberschusse ward 1699 dies Haus ... in der Friedrichstraße an der Kronenstraßenecke ... gekauft.«[16] Beide Stiftungen, »Maison de Refugé« und »Maison de Charité«, zogen in das Eckhaus Friedrichstraße 61.

Vor dem doppelten Torbogen des Hauses Claire-Waldoff-Straße Nr. 10, nahe der Friedrichstraße, läßt sich noch heute eine von grüner Patina überzogene bronzene Säule finden, die einen Pelikan trägt und an das Wirken der französischen Kolonie in der Stadt erinnert. Die Inschrift darunter lautet: »Unter dem Sinnbild des Pelikans, der seine Jungen mit dem eigenen Herzblut nährte, betreuten sie ihre Kranken, Alten und Waisen. Das Hospitalgeländë, hinter diesem Torbogen beginnend, reichte von der Friedrichstraße bis zur Panke.«

Wer nun den Hinterhof und damit das ehemalige Hospitalgeländë betritt, befindet sich plötzlich in einer ruhigen Oase mitten in Berlin. Im hintersten Winkel, wo heute ein Kindergarten untergebracht ist, steht ein gelber Klinkerbau mit roten Ziegelsteinstreifen, der offensichtlich nicht mehr komplett ist. Über dem Eingang ein ausgewaschener Schriftzug, der sich als »Finanzamt Mitte« buchstabieren läßt, ein Hinweis auf die ab 1926 nach der Hospitalaufgabe folgende Nutzung.

Es handelt sich hierbei um den linken Seitenflügel des ehemaligen – im Zweiten Weltkrieg zerstörten – Französischen Hospitals, »ein heller Backsteinbau in schönen Verhältnissen und stattlicher äußerer Erscheinung mit zwei Seitenflügeln, die, rechtwinklig auf den Haupt- und Mittelteil gerichtet, einen durch einen Gaskandelaber gezierten und, wie die ganze Umgebung, ... mit schönen Anlagen geschmückten Vorhof umschließen. Das Frontispiz des Gebäudes trägt die Inschrift: ›Hôpital français‹.«[17] 1878 erfolgte die Eröffnung des Hospital-Neubaus, von dem noch dieser Gebäuderest existiert. Schon 1687 hatte die Kurfürstin Dorothea das Areal mit dem als Hospital dienenden Haus samt einem weiteren Geländestück an die französische Kolonie abgetreten. Das »Hôpital français« gehörte seit 1801 zur Friedrichstraße 129. »Man nimmt darin alte und schwache Personen, umsonst oder gegen ein geringes Kostgeld, auf Zeitlebens, arme Kranke aber bis zu ihrer Genesung, auf. Die völlig Armen bekommen auch Kleidung. Wahnwitzige werden hier gleichfalls versorgt ... Endlich werden auch junge liederliche Leute, welche noch nicht zur Kommunion gegangen sind, auf Verlangen ihrer Eltern oder Vormünder, auf eine Zeitlang hieher gesetzt. Anfangs war die Stiftung nur zu 30 Personen, hernach ist sie immer vergrössert worden. 1785 sind im Hospitale 230 Personen verpflegt worden, die theils auf Lebenszeit, theils bis zu ihrer Genesung da waren«[18], berichtet Friedrich Nicolai und erwähnt außerdem das »Hospital für kranke Kinder, nahe bey dem französischen Hospitale. ... Der König hat auf seine Kosten dies Haus ansehnlich erweitern lassen.«[19]

In direkter Nachbarschaft des Hospitals befanden sich auch eine Bäckerei, die sogenannte Suppenanstalt sowie der 1687 eröffnete Hospitalfriedhof. Ein weiterer solcher Friedhof, in späteren Jahren an der Chausseestraße angelegt, existiert auch heute noch. Hinter dem Torbogen in der Claire-Waldoff-Straße 10 steht links am Weg ein Baum mit lindenähnlichen Blättern. Er ist der älteste Maulbeerbaum des ehemaligen Preußen. Die arbeitsfähigen Hospitaliten leisteten nämlich auf dem Hospitalgelände ihren Anteil beim auf Anordnung der Regierung betriebenen Seidenzucht. Nicht nur im Hospitalgarten, sondern auch auf dem Friedhof standen damals Maulbeerbäume.

Neben den Hugenotten ließ sich Anfang des 18. Jahrhunderts rund um die Friedrichstraße vor allem eine zweite Volksgruppe nieder. »Im Jahre 1732 kamen auch die ersten Böhmen nach Berlin, welche sich schon 1727 durch ihren Prediger Liberd bei dem König um Aufnahme in seine Staaten erbeten hatten. Dieser wieß ihnen die Friedrichstadt zum Anbau an, und zwar einen geräumigen Platz, zwischen der Schützen- und Krausenstraße; unterstützte sie auch mit Baumaterialien und Geld. Diese Leute, waren eigentlich verfolgte evangelische Christen, die um den Drang der Katholiken auszuweichen ihr Vaterland verließen.«[20] Eine Spur der Böhmen in der Friedrichstadt ist noch zu finden: Hinter dem Neubaublock an der Friedrichstraße 200, an der Gabelung Mauer- und Krausenstraße, weisen steinerne Markierungen im Boden auf den Grundriß jener Böhmischen Kirche hin, deren

Ruine erst nach dem Bau der Berliner Mauer endgültig abgerissen wurde. Als Stiftung durch Friedrich Wilhelm I. in den Jahren 1735 bis 1737 ausgeführt, setzte sie mit der weiter nördlich an der Mauerstraße stehenden Dreifaltigkeitskirche einen städtebaulichen Akzent, bis die Türme am Gendarmenmarkt die Kuppeln der beiden Zentralbauten ausstachen.

Das Friedrich-Wilhelm-Gymnasium

Die wachsende Bevölkerungszahl in der Stadtmitte machte den Bau mehrerer neuer Schulen erforderlich, eine Häufung gab es gerade im Kreuzungsbereich Friedrich- und Kochstraße. Das älteste Schulgebäude stiftete »Oberkonsistorialrath Hecker, als Pastor an der Dreyfaltigkeitskirche, auf der Friedrichstadt« im Jahre 1747, nach den ersten beiden Schlesischen Kriegen. »Die Absicht derselben war, daß Kinder, ausser der Unterweisung im Christenthum, darin zu jedem Stande und jeder Lebensart, der sie sich widmen, sollten vorbereitet werden.«[21]

Diese in der Kochstraße 66 gelegene Realschule untergliederte sich in »vier Abtheilungen, nämlich: a) Das Pädagogium, ist der studierenden Jugend gewidmet. b) Die Kunstschule, für die, welche sich den mechanischen Künsten, Kaufmannschaft u.s.w. widmen. c) Die Mädchenschule, für Frauenzimmer. d) Die deutschen Schulen, für künftige Handwerker.«[22] Die »Lehr-Anstalt für Töchter« nannte sich nach der Gemahlin Friedrich II. die »Elisabeth-Schule«, und auch das mit der Realschule verbundene »Pädagogium für diejenigen Schüler, die eine höhere wissenschaftliche Ausbildung zu erlangen beabsichtigen«, sollte eine besondere Protektion bekommen. »Die Realschule feierte am 9. Mai 1797 ihr Jubiläum, und bei dieser Gelegenheit erhob König Friedrich Wilhelm II. das erwähnte Pädagogium oder die gelehrte Schule zu einem Gymnasium, welchem sein Name und dessen ersten drei Lehrern der Charakter als Professoren beigelegt wurde.«[23] Da der Regent im November desselben Jahres verstarb, sollte dies seine letzte schulische Amtshandlung bleiben. Immerhin steuerte sein Sohn, Friedrich Wilhelm III., 60.000 Taler zum Schulneubau bei, der in den Jahren 1804/05 direkt an der Ecke Friedrichstraße 42/Kochstraße 16 errichtet wurden. Im Jahre 1834 unterrichteten dort 19

Professoren und Lehrer in »acht aneinander untergeordneten Klassen« 404 Schüler. Da die räumlichen Verhältnisse schon einige Jahrzehnte später unzureichend waren, erfolgte 1889/90 in der Kochstraße 13 der Neubau eines Gymnasiums.

An zwei Absolventen des Friedrich-Wilhelm-Gymnasiums sei noch erinnert. Georg Friedrich Heinrich Hitzig besuchte es, ehe er zur Gewerbeschule und an die Bauakademie ging und nach der Baumeisterprüfung einer der bedeutendsten Architekten seiner Zeit wurde. Neben Villen und Wohnhäusern schuf Hitzig unter anderem auch die Börse an der Burgstraße, das alte Reichsbankgebäude und die erste Berliner Markthalle, die schließlich, nach mehreren Umbauten, zum »Friedrichstadtpalast« wurde. Selbst ein Zirkus gehörte zu seinen Bauten an der Friedrichstraße, dort, wo heute der Bahnhof steht.

Seit 1815 besuchte der aus einer ungarischen Emigrantenfamilie stammende Eduard Knoblauch die Schule an der Friedrichstraße und legte hier auch die Reifeprüfung ab. Es folgte ein Studium an der Bauakademie. Während seiner Laufbahn als Architekt führte Knoblauch viele Aufträge für die Jüdische Gemeinde aus, beispielsweise das Jüdische Krankenhaus in der Auguststraße und die Synagoge in der Oranienburger Straße. An der Friedrichstraße baute Eduard Knoblauch nicht, wohl aber sein Sohn Gustav. Gustav Knoblauch errichtete in der Friedrichstraße 229 das Königliche Seminar für Stadtschullehrer. In dem Gebäude war nicht nur die Lehrerausbildungsstätte untergebracht, sondern auch eine »Turnlehrer Bildungsanstalt« sowie Wohnräume für den Direktor des Seminars, für zwei Ökonomen, sechs Lehrer, zwei Kastellane und einen Portier.

Die Friedrichstraße um 1910. In der Mitte das 1914 abgerissene Königliche Seminar für Stadtschullehrer.

Adolph Diesterweg, einer der bedeutendsten Pädagogen des 19. Jahrhunderts, folgte 1832 der Berufung zum Direktor des Königlichen Seminars für Stadtschullehrer und wirkte hier 15 Jahre lang. Unter Diesterwegs Nachfolger kam es zum Seminarneubau durch Hitzig, der im April 1879 eingeweiht werden konnte, einen Monat dem Abschied vom alten Haus in der Oranienburger Straße neben der Synagoge. Im Oktober zog die Turnlehrer-Bildungsanstalt an die Friedrichstraße. Als man die Hedemannstraße zwischen Wilhelm- und Friedrichstraße verlängerte und 1914/15 bebaute, wurden alle Gebäude der einst bedeutenden pädagogischen Anstalt abgerissen.

Ein frühes Abbild der Straße

Wie können wir uns ein verläßliches Bild von der Friedrichstraße machen, noch bevor die Photographie sie festhielt? Von einigen Stadtansichten des 18. Jahrhunderts, zumeist aus der Vogelperspektive, und der 1820 angefertigten »Lindenrolle« abgesehen, die die Häuser der Allee Unter den Linden und damit auch die Ecken zur Friedrichstraße zeigt, findet sich kaum ein Dokument. Was sollte auch außer ihrer Länge charakteristisches abgebildet werden?

Es existiert jedoch eine schriftliche Quelle. Im März 1799 erschien das erste Berliner Adreßbuch vom »Königlich Preußischen Lieutenant« Neander von Petersheiden. Straße für Straße listete er auf und numerierte sie nach eigenem Gutdünken durch, schrieb dahinter die Namen der Besitzer und deren Titel oder Beruf. Schließlich gab er noch die Etagenzahl der Häuser an, die bei nachfolgenden Adreßbüchern fehlt.

Demzufolge wiesen in der Friedrichstraße insgesamt 125 Gebäude zwei Geschosse auf, gefolgt von 75 Dreigeschossern. Es existierten nur noch 23 Häuser mit einer Etage und vorerst nicht mehr als zehn Viergeschosser. Von diesen zehn standen allein fünf auf der Westseite der Friedrichstraße zwischen Behrenstraße und Unter den Linden, ein sechster Bau nördlich der Linden-Kreuzung. Sie gehörten einem Schlosser, einem Kriegs-Commissarius, einem Vergolder, einem Schlächter, einem Stallmeister und schließlich einem Restaurateur, sprich Gastro-

nom. Ein Stückmeister vom Mauer-Gewerk, ein Wollfabrikant und ein Schneider gehörten außerdem zu den Besitzern. Das zehnte viergeschossige Gebäude war zugleich auch das mit den meisten Fensterachsen: die »Caserne des ersten Regim. Artillerie« zwischen Ziegel- und damaliger Kirchhofs-Straße, der heutigen Johannisstraße.

In diesem Abschnitt der Friedrichstraße, zwischen Weidendammer Brücke und Oranienburger Tor, lagen damals mit acht Häusern noch die meisten alten eingeschossigen Gebäude. Zu diesen gehörte auch die »Rathswage« in der Friedrichstraße 150. Direkt daneben, an der Ecke zur »Letzten Straße« (ab 1822 Dorotheenstraße), erbaute der Dorotheenstädtische Magistrat 1699 das »Rathaus, worin sich auch die Rathswaage und die Bäcker- und Schlächterscharnen befanden«[24], schreibt Fidicin 1842 in seinen »Historisch-diplomatischen Beiträgen zur Geschichte Berlins«. Damit lag das Rathaus der Stadtrecht genießenden Neustadt nicht gerade an zentraler Stelle. Scharnen oder Scharren bezeichnen mundartlich Verkaufsstände, die als öffentliche Gebäude zu den ersten städtischen Einrichtungen gehörten: nur dort konnten die Bewohner Fleisch und Backwerk kaufen. Die Stände durften nur auf Magistrats-Grund und -Boden aufgebaut werden und wurden Bäckern und Schlächtern gegen Zins überlassen. Das galt auch für die Friedrichstadt, wo sich um 1750 an der Mauer- und Friedrichstraße Brotscharnen befanden.

»Nach erfolgter Combination aller Magisträte« – im Jahre 1709 befahl König Friedrich I. die Schaffung der Einheitsgemeinde bestehend aus Berlin, Cölln, Friedrichswerder, Dorotheenstadt und Friedrichstadt – »ward darin (im Rathaus) die Dorotheenstädtische Schule untergebracht. Das Gebäude, welches schon ursprünglich von geringer Bauart war, wurde aber im Anfange dieses Jahrhunderts so baufällig, daß die städtischen Behörden im Jahre 1809 über das Abbrechen desselben berathen mußten. Dies kam indessen erst im Jahre 1816 in der Art zur Ausführung, daß zuerst nur die obere Etage abgetragen ward, indem man die untere noch zur Rathswaage benutzte ... Endlich beschloß man im Jahre 1820 den Verkauf der Ruine als Baustelle, welche der Maurermeister Adler für 6000 Thlr. erstand, und die Verpflichtung zur Zahlung von 20 Thlr. jährlichen Kanon übernahm, und darauf das Haus Dorotheenstraße No. 54 erbauete.«[25]

Die Hausnumerierung begann übrigens 1799 bei Neander von Petersheiden auf der Ostseite nördlich vom Halleschen Tor am Rondell mit der »1« und endete am Oranienburger Tor mit der »102«, die Westseite zählte der Lieutenant vom Tor nach Oranienburg mit Nr. 1 und schloß mit Nr. 127 vorm Tor nach Halle ab. In der zwei Jahre später erschienenen Neuauflage numerierte der nunmehr »Premier-Lieutenant im Artillerie-Corps« nach dem verbindlichen Pariser Vorbild: Die Nr. 1 befand sich jetzt am Halleschen Tor; im Bereich des Oranienburger Tores sprang die fortlaufende Hausnumerierung von der östlichen Friedrichstraßenseite auf die westliche um und lief bis zur Nummer 251 zum Halleschen Tor zurück.

Wer lebte in diesen Häusern des längsten Straßenzugs der Stadt? Neben Hinweisen auf Bürger, Witwen, einen Invaliden oder Erben finden sich Berufsbezeichnungen wie Holzhändler, Kornmesser, Viehmäster, Drechsler, Lederhändler, Sattler, Seiler, Posamentier, Stuhlmacher, Materialist, Hofriemer, Böttcher, Seifensieder, Stellmacher, Zimmerpolier, Fahnenschmidt neben den klassischen Berufen wie Koch, Schlosser, Tischler, Zimmermeister, Maurermeister, Fuhrmann, Kaufmann, Töpfer, Glaser, Friseur, Bildhauer, Schuhmacher, Schneider, Juwelier und Uhrmacher. In der Friedrichstraße 12 gab es eine Tapetenfabrik, in Nr. 17, 45 und 247 einen Wollfabrikanten, in Nr. 39 wohnte ein Zeugfabrikant, in Nr. 43, 239, 245 ein Kattunfabrikant, allesamt südlich der Zimmerstraße.

In der Friedrichstraße 132–134, nördlich der Weidendammer Brücke, war die Manchester-Fabrik »Wölper et Hotho« ansässig, im 18. Jahrhundert eine der bekanntesten Gewebe-Fabrikationsstätten Berlins. Thomas Hotho aus Westfalen begründete 1764 in Potsdam sein erstes brandenburgisches Unternehmen mit der Errichtung einer Manchestermanufaktur, bevor er nach Berlin ging und zusammen mit seinem kaufmännischen Kompagnon Welper, später auch Wölper geschrieben, am »Platz bey Monbijou« die auf königliche Kosten erbauten Gebäude zur Spree für gleiche Zwecke übernahm, wie Friedrich Nicolai berichtete. Welper Hotho kauften zudem 1784 die Grundstücke an der Friedrichstraße, auf der sich vorher eine Tabakmanufaktur befand. Hierher wanderte dann die Fertigung, bei Monbijou verblieb die Niederlassung. Thomas Hotho junior stand seinem Vater in nichts nach,

stieg als Miteigentümer ein und trennte sich 1815 nach Auszahlung von Welper.

In dieser Zeit begann der Niedergang des Manufakturwesens, und der im 18. Jahrhundert entwickelte Standort in diesem Bereich des Schiffbauerdamms verlor an Bedeutung. Dafür regte es sich alsbald nördlich vom Oranienburger Tor, wo ein frühindustrielles Zentrum des Maschinenbaus entstand.

Das Adreßbuch von 1801 hält weitere Berufsstände für die Friedrichstraße fest. In der Regel waren seinerzeit in einem Straßenzug alle wichtigen Versorger, Dienstleister und Gewerbe vertreten. Für das im weitesten Sinne leibliche Wohl sorgten hier ein Victualienhändler, ein Bäcker, ein Kuchenbäcker, Schlächter, Butterhändler, Brauer, Branntweinmeister und Destillateure, Gastwirte, Weinhändler, ja selbst ein Fischer.

Auch sogenannte Tabagien für Männer gab es; drei solche Gaststuben, in denen geraucht werden durfte, sind für den südlichen Abschnitt der Straße verzeichnet. Und es gab mehrere Apotheker, einen Königl. Zahnarzt, einen Stadtchirurgus. Von Seiten der Amtsstuben Buchhalter, Kanzelley-Diener, geh. Secretaire, Kammerrath, Landrath, Commissionsrath, geh. Justizrath und geh. Rath; desweiteren einen Polizey-Commisar, Ober-Jägermeister und einige Militärs, wie Major v. Wülknitz und v. Schütz, Oberst a. D. von Lentz, Husaren-Unteroffizier Schneider, Lieutenant ausser Diensten Koch und Kriegs-Commissarius Linden.

Husaren, Kasernen und Kavallerie

Am Neubau Kochstraße/Ecke Friedrichstraße findet sich diese Inschrift: »An dieser Stelle – Kochstrasse 62 – wohnte 1761-1786 der Husarengeneral Joachim Hans von Ziethen. Der preußische König Friedrich II., der ›Alte Fritz‹, besuchte ihn hier mehrmals hoch zu Roß.«

Der preußische Reiterführer Zieten, »Ahnherr aller Husaren«, war nur einer der zahlreichen Militärs, die an der Schwelle vom 18. zum 19. Jahrhundert in der Friedrichstraße wohnten. Theodor Fontane läßt in einer 1846 geschriebenen Ballade Friedrich den Großen über Zieten, der an seiner Tafel eingenickt war, sagen:

»Laßt schlafen mir den Alten,
Er hat in mancher Nacht
Für uns sich wach gehalten,
Der hat genug gewacht.«[26]

Zieten starb im Alter von 86 Jahren in seiner Wohnung in der Friedrichstraße. Welche Bedeutung die Friedrichstadt

seinerzeit als Militärstandort hatte, belegt unter anderem Friedrich Nicolais »Beschreibung der königlichen Residenzstädte« von 1786. Im Kapitel »Von den Einwohnern« nennt er zuallererst den Militärstand. Darunter fielen »3. Das Leibregiment Husaren. Der Chef dieses Regiments ist Se. Exellenz, Herr Hans Joachim v. Zieten, General der Kavallerie und Ritter des Schwarzen Adlerordens. Es be-

Die Friedrichstraße/Ecke Jägerstraße im Jahr 1865 auf Fotografien von Albert F. Schwartz.

steht aus zehen Schwadronen, davon aber nur fünf in Berlin liegen, und ist 1730 errichtet. Dieses Regiment liegt auf der Friedrichstadt, und hat seine Hauptwache am Hallischen Thore.«[27] Demnach wohnte Zieten ganz in der Nähe seines Regiments. Im Adreßbuch von 1801 werden gleich neben dem »Königlichen Commissions-Haus« die Husarenställe in der Friedrichstraße 2 und 3 genannt, in

Nr. 13 das »Husaren-Lazareth« und direkt gegenüber der »Hallischen Thorwacht der Infanterie« das »Husaren-Wachthaus« am »Accise-Officianten-Haus«. Von der Lindenstraße ging die Husarenstraße ab, an der sich ein weiterer größerer Kasernenkomplex befand. »Die Uniform des Regiments besteht aus roten Dolmannen und blauen Pelzen. Bey den Revüen sind die Officiere zum Theile mit

Drei- und viergeschossige Häuser bestimmen das Bild der Wohn- und Geschäftsstraße.

Tygerdecken bekleidet, und tragen Reiherfedern auf den Mützen. Die Officierpelze sind mit goldenen Tressen und Schnüren besetzt. Die fünf Schwadrone waren 1784 (Frauen und Kinder eingeschlossen) 1.026 stark, und mit den Beurlaubten, ihren Frauen und Kindern 1.694.«[28] Von den annähernd 200.000 Einwohnern Berlins im Jahre 1816 waren 15.720 Militärs – eine nicht unbeträchtliche Zahl.[29]

Bis zur Heeresreform von 1816/17 wohnten »beweibte«, verheiratete Soldaten mit den ihnen unterstellten Militärangehörigen in den speziell dafür gebauten »Kasarmen«. Die »unbeweibten« Militärs hingegen wurden auf Erlaß des Königs in Bürgerhäusern untergebracht, ganz unabhängig »vom Stande der Besitzer«. Davon waren auch die Häuser in der Friedrichstraße betroffen und mußten »eine Stube zur Straße raus« einrichten, wie Nicolai es umschreibt. »Die Kasernirung der Truppen hat im ganzen wesentliche Vorzüge vor der Einquartierung bei den Bürgern, wohin vorzüglich gehört, daß man alle Leute mehr zusammen und unter größerer Aufsicht hat, was bei der Einquartierung im Einzelnen bei den Bürgern gar nicht möglich ist und wo auch der Soldat sehr leicht zu einer ausschweifenden Lebensart verführt wird«[30], heißt es in einer »Encyclopädie« von 1784.

Nach den auf die Befreiungskriege folgenden Heeresreformen wohnten nur noch unverheiratete Soldaten in Kasernen, in denen Großküchen die Beköstigung übernahmen. Vor dem Halleschen Tore, am Mehringdamm 20-30 (das heutige Kreuzberger Finanzamt), sollte König Friedrich Wilhelm IV. nach der Revolution von 1848 eine solche Kaserne für das I. Garde-Dragoner-Regiment errichten lassen. Zwei ältere Kasernen standen im Norden der Friedrichstraße, innerhalb der Stadtgrenze: das viergeschossige Gebäude »des ersten Artellerie-Regiments« in der Friedrichstraße Nr. 107 (heute befindet sich hier der »Friedrichstadtpalast«), und ein dreigeschossiger Bau nahe dem Oranienburger Tor im Haus Nr. 118/119, laut Adreßbuch von 1801 »Exercier- und Pferdestall für reitende Artellerie«, an die sich später noch die Kaserne der reitenden

Die Kaserne in der Friedrichstraße 107, vor 1900. Hier steht heute der Friedrichstadtpalast.

Garde-Artillerie anschloß. Das gesamte Königliche Artilleriekorps, deren Uniform blaue Röcke mit gelben Knöpfen und blaßgelbe Westen waren, umfaßte im Jahre 1784 – inklusive Frauen und Kinder – genau 10.186 Personen. Zählte man noch die Beurlaubten hinzu, kam man auf mehr als die doppelte Zahl, wie Nicolai vermerkt.[31] Und dabei war die berittene Artillerie vom Oranienburger Tor noch nicht mitgezählt.

1990 wurde an der Brandmauer Friedrichstraße 90/Ecke Clara-Zetkin-Straße eine Gedenktafel mit folgendem Wortlaut entfernt: »Friedrich Engels, 28. Nov. 1820 – 5. Aug. 1895. Der Mitbegründer des wissenschaftlichen Sozialismus und Kampfgefährte von Karl Marx wohnte 1841/42 in diesem Hause.« Friedrich Engels hatte vom Herbst 1841 bis Oktober 1842 seinen Militärdienst als Einjährig-Freiwilliger in der unweit gelegenen Artilleriekaserne in der Universitätsstraße geleistet.

Dichter, Gelehrte und Salons

Unter den vielen Zivilpersonen, die zu Beginn des 19. Jahrhunderts in der Friedrichstraße lebten, fand sich neben Handwerkern und Geschäftsleuten auch manche bekannte Persönlichkeit. Als Wilhelm von Humboldt im Jahre 1809 einer Berufung ins preußische Innenministerium folgte, wo er die Leitung des Kultus- und Unterrichtswesens übernahm und noch im selben Jahr die erste Berliner Universität begründete, wählte er eine Stadtwohnung in der Dorotheenstadt. Von 1809 bis 1819 lebte er im Eckhaus Unter den Linden 26/Friedrichstraße.

Im Oktober 1819 nahm zwei Straßenecken weiter eine bedeutende Mäzenatin Quartier: Rahel Varnhagen von Ense führte in der Französischen Straße 20/Ecke Friedrichstraße ihren zweiten Salon, der vor allem Künstlern und Literaten offenstand. Von Humboldt hatte bereits zu den Gästen des ersten Salons der Varnhagen in der Jägerstraße gehört. Daß sich Rahel Varnhagen von Ense nach ihrer Rückkehr aus Karlsruhe, wo ihr Mann in preußischen Diensten tätig war, in der alten Heimat Berlin indes nicht recht wohl fühlte, belegt einer ihrer Briefe an die Freundin Pauline Wiesel, verfaßt zwei Monate nach ihrem Einzug in die Wohnung an der Friedrichstraße. Die

alte Zeit »ist anno 6 untergegangen«, schreibt sie darin. Mehr noch, die Phase der Restauration in der preußischen Metropole behage ihr keineswegs. »Alles ist anders, ich allein fremd, mir alles fremd: ich ohne Beziehung, und doch in keinem fremden Ort, nichts Neues sehend, nur Verhäßlichtes. Solche alte, vertrocknete, versteinerte, verholzte Massen, in den alten und doch so zerstörten Räumen, sind Furien der Vergangenheit, die einem mit Gewalt die Augen ausblenden ... und an allem andern hindern.«[32] Jahre später nimmt die Klage einen anderen Ton an: »Alle Menschen sind interessant«, schreibt sie nun, »aber interessante Menschen lerne ich seit 30 Jahren nicht mehr kennen ... Kurz, reife, reife Menschen fehlen mir am meisten. Ich hab unendlichen Umgang aller Nuancen, aber ich gehe leer aus; Menschliches genug, nie einen vollständigen Menschen.«[33]

Heinrich Heine, der bei seinem Berlinaufenthalt 1829 in der Friedrichstraße 47 wohnte, war ein großer Verehrer Rahel Varnhagens. Er besuchte häufig ihren Salon, war ein lebenslanger Freund ihres Ehemannes und schrieb über Rahel: »Ich wünsche mir ein Hundehalsband mit der Inschrift: Ich gehöre Frau Varnhagen.« Nach der Salondame wurde vor wenigen Jahren ein von der Friedrichstraße abgehender Fußweg, die Rahel-Varnhagen-Promenade, benannt.

Heine (dritter von links) im Salon von Rahel Varnhagen.

Ihr schräg gegenüber gibt es seit 1991 eine E.T.A.-Hoffmann-Promenade, die zur Lindenstraße führt, wo der Dichter im Kammergericht arbeitete. E.T.A. Hoffmann kam 1807 nach Berlin und nahm in der Friedrichstraße 179 Quartier. Ab 1814 war er am Berliner Kammergericht tätig. Schon während seiner Amtszeit zehn Jahre zuvor in Warschau hatte er sich mit seinem Kollegen Isaac Elias Itzig befreundet, einem zum Christentum übergetretenen Juden, der sich später Julius Eduard Hitzig schrieb. Nach Hoffmanns Tod verfaßte Hitzig 1823 dessen erste Biographie. An der Friedrichstraße 242 erinnerte einst eine Berliner Gedenktafel an den Schriftsteller, Verleger und späteren Kriminaldirektor Hitzig, der wie E.T.A. Hoffmann am Kammergericht wirkte.

Julius Eduard Hitzig war nicht nur der Freund Hoffmanns, sondern zugleich Schwiegervater eines anderen deutschen Dichters: Adalbert von Chamisso. Am 25. September 1819 heiratete Chamisso Hitzigs Pflegetochter Antonie Piaste; mit ihr wohnte er am Ende seines Lebens in der südlichen Friedrichstadt. Der Botaniker und Schriftsteller Chamisso starb 1838 in seiner Wohnung in der Friedrichstraße 235. Begraben ist er auf dem Friedhof vor dem Halleschen Tor, ganz in der Nähe der Grabstelle E.T.A. Hoffmanns. Bis zum Abriß des Hauses Friedrich-

straße 235 im Jahre 1909 erinnerte eine Granittafel mit Bronzebildnis an Chamissos ehemalige Wohnstätte. Chamissos Gartenhaus fiel der Spitzhacke zum Opfer, als die Friedrich-Wilhelm-Passage sich Raum brach.

Auf den Spuren Theodor Fontanes

Theodor Fontane arbeitete, bevor er Redakteur und später Schriftsteller wurde, als zweiter Rezeptar in der »Polnischen Apotheke« des Medizinalrats Dr. Julius Schacht an der Ecke Friedrichstraße/Mittelstraße. Fontane hatte seinen Militärdienst in Berlin abgeleistet und war nun wieder Apotheker. Am 8. Dezember 1845 erhielt er in der Apotheke eine Nachricht, »einen in ungemein zierlichen, aber etwas schulmäßigen Buchstaben geschriebenen Brief, der dahin lautete: ›Lieber Freund. Ich war eben zur Gratulation bei Ihrem Onkel und erfuhr zu meinem Bedauern, daß Sie durch ihren Dienst verhindert sind, die heutige Geburtstagsfeier mitzumachen. Ich meinerseits werde da sein, bin aber in einiger Verlegenheit wegen des Nachhausekommens. Ich denke, Ihr Bruder soll mich um zehn bis an Ihre Apotheke begleiten, von wo aus Sie wohl den Rest des Weges übernehmen. Ihre Emilie Kummer.‹«[34]

Das Fräulein Kummer hatte er als Fünfzehnjähriger in der Großen Hamburger Straße kennengelernt, wo sie Nachbarin seines Onkels August Fontane war. Jahre hatten sich beide nicht gesehen, bis Fontane zum freiwilligen Militärdienst nach Berlin zurückkehrte.

»Gleich nach 10 Uhr, von wo ab ich frei war, war das Fräulein da. Der noch zurückzulegende Weg war nicht sehr weit, aber auch nicht sehr nah: die ganze Friedrichstraße hinunter bis ans Oranienburger Tor und dann rechts in die spitzwinklig einmündende Oranienburgerstraße hinein, wo die junge Dame in einem ziemlich hübschen, dem großen Posthof gegenübergelegenen Hause wohnte. Da wir beide plauderhaft und etwas übermütig waren, so war an eine Verlegenheit nicht zu denken und diese Verlegenheit kam auch kaum, als sich mir im Lauf des Gesprächs mit einem Male die Betrachtung aufdrängte: ›Ja, nun ist wohl eigentlich das beste, dich zu verloben.‹ Es war wenige Schritte vor der Weidendammer Brücke, daß mir dieser glücklichste Gedanke meines Lebens kam und als ich die Brücke wieder um eben so viele

Das Gartenhaus von Adalbert von Chamisso in der Nr. 235, um 1900.

Schritte hinter mir hatte, war ich denn auch verlobt. Mir persönlich stand dies fest. Weil sich aber die dabei gesprochenen Worte von manchen früher gesprochenen nicht sehr wesentlich unterschieden, so nahm ich plötzlich, von einer kleinen Angst erfaßt, zum Abschiede noch einmal die Hand des Fräulein und sagte ihr mit einer mir sonst fremden Herzlichkeit: ›Wir sind nun aber *wirklich* verlobt.‹«[35]

Fontanes Verbindung mit Emilie hielt bis zu seinem Lebensende. Die Weidendammer Brücke, auf der die beiden sich verlobten, stand an der Friedrichstraße bis 1895. Der Verfasser eines 1834 erschienenen »Conversations-Handbuches« äußerte sich angesichts der für damalige Verhältnisse imposanten Konstruktion zwar geradezu euphorisch: »Jetzt ist diese Brücke insofern die erste und einzige ihrer Art in der Welt, als bei ihr nämlich, anstatt der bisher nur allein üblich gewesenen massiven Pfeiler, gegen welche die Bogen gespannt werden müssen, zuerst der Versuch gemacht ist, mit freistehenden eisernen Pfeilern, welche die ebenfalls eisernen Bogen tragen, so daß an dieser Brücke ... Alles durchaus von Eisen ist«.[36] Doch änderte dies nichts an der Tatsache, daß die ursprünglich rund 55 Meter lange und 10,5 Meter breite Brücke in den Jahren 1895-97 nach den Plänen von Otto Stahn neu errichtet wurde.

Reste des von Fontane beschriebenen und beschrittenen Bauwerkes sind heute noch in Eberswalde bei Berlin zu sehen, wohin sie nach einem Aufenthalt in Liepe bei Oderberg, wo sie den Finowkanal überbrückten, transportiert wurden.

Die Weidendammer Brücke 1914: Die alte Brücke, auf der sich Theodor Fontane verlobte, hatte ihr 1895 weichen müssen.

Der Vollständigkeit halber sei noch erwähnt, daß sich bereits im Dezember 1810 eine weitere Verlobung ganz nahe der Weidendammer Brücke zutrug: die von Bettina Brentano und Achim von Arnim, auf einem winterlichen Spaziergang am Schiffbauerdamm.

Zwei Dichter bei Kranzler

Theodor Fontane blieb der Stadt Berlin und der Gegend um die Friedrichstraße auch nach seiner Heirat verbunden, zum Beispiel als Besucher von Kaffeehäusern. »Nach Berlin kam der Kaffee spät. Das Kaffeehaus noch später, erst 1714.«[37] Das erste lag am Lustgarten – dort, wo heute der Berliner Dom steht. Vom Lustgarten nahm das Kaffeehaus seinen Weg über die Linden zur Friedrichstraße.

Im Jahre 1825, als Johann Georg Kranzler aus Tautendorf bei Wien sein »Kaffee« in Berlin zu betreiben be-

gann, lautete seine Adresse noch Unter den Linden 22. Erst neun Jahre später besetzte er die Ecke zur Friedrichstraße mit der Anschrift Unter den Linden 25.

Zur Eröffnung unter der neuen Adresse warb er: »Einem Hohen Adel und werthen Bürgerpublikum thuen wir kund und zu wissen, daß unter den Linden, wo die große Friedrichstraße solche kreuzet (Erster Saal links), der Hofkonditor Kranzler ein Kaffee eröffnet hat. Alle Art Getränke und diverse Leckereien werden feylgehalten. Bedienung von zarter Hand. Für Divertissement des verehrten Publikums sorgt eine Musikbande aus dem schönen Italien importieret und bittet um geneigten Zuspruch. Die Direktion.«

Konkurrenz belebt bekanntermaßen das Geschäft, und so befand sich im benachbarten Haus Nr. 24 das »Café Prince Royal«, in der Nr. 23 das »Café National«. Neben Adel und Bürgertum verkehrten beim Konditor Kranzler

Das Café Kranzler an der Ecke Unter den Linden/Friedrichstraße um 1835.

vor allem auch Militärs. Friedrich Saß notierte 1846, das Kranzler sei das »Walhalla der Berliner Gardelieutenants«[38]. Ernst Dronke beschrieb das damalige Publikum folgendermaßen: »Bei Kranzler Unter den Linden treten die Offiziere und jungen Fashionables ein. Man ißt hier nur Eis, verzehrt Kuchen und trinkt Schokolade; die Unterhaltung betrifft nichts anderes als Pferde, Hunde und Tänzerinnen. Oft auch sieht man die jungen Herren sich zwecklos auf den kleinen Sesseln vor der Tür niederlassen, die Beine auf das Gitter des eisernen Geländers strecken und die Vorübergehenden mit vornehmer Ungezogenheit lorgnettieren.«[39] Im Gegensatz zur Konkurrenz durfte Kranzler auf einer kleinen, schmalen Terrasse auf dem »Linden«-Bürgersteig bedienen. Von hier aus ließen sich das Straßenleben und die Kreuzung im besonderen gut und genüßlich beobachten.

Theodor Fontane und Theodor Storm, die eines Tages im Jahre 1862 die Linden entlang schlenderten, verspürten nach einer Fußwanderung »das Verlangen nach einem Frühstück.« Fontane über den denkwürdigen Vormittag: »Ich schlug ihm meine Wohnung vor, die nicht allzu weit ablag; er entschied sich aber für Kranzler. Ich bekenne, daß ich ein wenig erschrak. Storm war wie geschaffen für einen Tiergartenspaziergang an dichtbelaubten Stellen, aber für Kranzler war er nicht geschaffen. Ich seh' ihn noch deutlich vor mir. Er trug leinene Beinkleider und eine leinene Weste von jenem sonderbaren Stoff, der wie gelbe Seite glänzt und sehr leicht furchtbare Falten schlägt, darüber ein grünes Röckchen, Reisehut und Shawl. Nun weiß ich sehr wohl, daß gerade ich vielleicht derjenige deutsche Schriftsteller bin, der in Sachen gestrickter Wolle zur höchsten Toleranz verpflichtet ist, denn ich trage selber dergleichen. Aber zu soviel Bescheidenheit ich auch verpflichtet sein mag, zwischen Shawl und Shawl ist doch immer noch ein Unterschied. Wer ein Mitleidender ist, weiß, daß im Leben eines solchen Produkts aus der Textilindustrie zwei Stadien zu beobachten sind: ein Jugendstadium, wo das Gewebe mehr in die Breite geht und noch Elastizität, ich möchte sagen, Leben hat, und ein Alterstadium, wo der Shawl nur noch eine endlose Länge darstellt, ohne jede zurückschnellende Federkraft. So war der Storm'sche. Storm trug ihn rund um den Hals herum, trotzdem hing er noch in zwei Strippen

vorn herunter, in einer kurzen und einer ganz langen. An jeder befand sich eine Puschel, die hin und her pendelte.«

Zu verhindern vermochte der beschämte Fontane den Kranzler-Besuch nicht. »Storm ... trat zu der brunhildenhaften Komptoiredame, die selber bei der Garde gedient haben konnte, sofort in ein lyrisches Verhältnis und erkundigte sich nach den Einzelheiten des Büffets, alle reichlich gestellten Fragen bis ins detail erschöpfend. Die Dame bewahrte gute Haltung.« Dann nahm Storm das »Gespräch über Mörike wieder auf, und je lebhafter es wurde, je mächtiger pendelte der Shawl mit den zwei Puscheln hin und her. Ich war froh, als wir nach einer halben Stunde wieder heil heraus waren.«[40]

Das Café Kranzler genoß eine hohe Popularität. Dazu ein damals beliebtes Lied:

> »Du kannst mir mal for'n Sechser,
> weil wir uns jrade kenn',
> bei Kranzler um de Ecke
> nach Kuchenkrümel renn'.
>
> Ick jeh dir nich bei Kranzler,
> det duhste janz jut wiss'n,
> bei Kranzler um de Ecke,
> da wirste rausjeschmissn!
>
> Denn kannste mir for'n Sechser,
> weil wir uns jrade kenn',
> mit blankgewichste Stiebel
> den Buckel runterrenn'!«[41]

Kranzler zog es zu Beginn des 20. Jahrhunderts in den neuen Westen, wo er im ehemaligen »Café des Westens« am Kürfürstendamm/Ecke Joachimsthaler Straße eine Filiale eröffnete. Das alte Kranzler an der Linden-Ecke wurde im Zweiten Weltkrieg total zerstört.

Das Café Schilling befand sich in der Friedrichstraße/Ecke Kochstraße. Hofkonditor August Schilling begründete hier 1843 ein eigenes Café. Um 1900, schon vor Kranzler, wurde eine Schilling-Filiale am Kurfürstendamm eröffnet, die in den siebziger Jahren Möhring übernahm. Fontane hat das alte Café Schilling in seinem Roman »Effi Briest« erwähnt. Als Effi nach langer Zeit von ihrer Tochter Annie in ihrer Berliner Wohnung an der Königgrätzer Straße besucht werden darf, macht sie den

Vorschlag: »Oder wir gehen zu Schilling und essen Eis, Ananas- oder Vanilleeis, das aß ich immer am liebsten.« Wer heute verloren an der Kreuzung zur Kochstraße steht, wird nichts mehr davon entdecken. An der nächsten Ecke, an der Zimmerstraße, befindet sich das mittlerweile schon legendäre Café Adler, das begründet wurde, als es den Checkpoint Charlie noch gab. Von der alten Kaffeehauskultur ist nichts geblieben.

Revolution in mancher Beziehung

Annähernd 400.000 Menschen wurden um 1840 in Berlin und seinen Vorstädten gezählt. Die Lebensbedingungen der niederen Klassen waren elend; die bessergestellten Bürger diskutierten die Ideen der Aufklärung, die nach der Französischen Revolution Deutschland erreicht hatten. Das Aufbegehren gegen die Willkür der Obrigkeit hatte auch das Bürgertum erfaßt. In Volksversammlungen wurden Forderungen nach demokratischen Freiheiten beschlossen: »Unbedingte Rede- und Pressefreiheit, vollständige politische Amnestie für alle politischen Vergehen, volle politische Gleichberechtigung ohne Rücksicht auf Vermögen, Stand oder Konfession«, desweiteren die »Unabhängigkeit der Justiz und die schleunigste Einberufung einer preußischen Nationalversammlung, die dem Staat eine demokratische Verfassung geben soll.«[42] Die Antwort König Friedrich Wilhelms IV., auf dem Hohenzollernthron seit 1840, war die Mobilmachung seiner Truppen auf allen wichtigen Plätzen Berlins – gegen sein Volk.

Der Ehemann der verstorbenen Rahel Varnhagen von Ense, die sich dreißig Jahre zuvor so skeptisch über die Menschen in der Stadt geäußert hatte, schilderte mit spürbarer Begeisterung die revolutionäre Stimmung in den Märztagen des Jahres 1848: »Gegen fünf Uhr nachmittags war die ganze Stadt, auch in den entlegensten Teilen, mit Barrikaden überdeckt. Ich ging mit Ludmilla nach den Linden ... Bei Kranzler sei eine Barrikade. Ulanen ritten vorbei, sie anzugreifen. Wir eilten nach Hause. Gleich wurden nach allen Seiten bei uns Barrikaden errichtet, langsam, behaglich. Feine Leute die Anführer, Jungen und Gesellen aller Art. Steine ausgerissen, auf die Dächer

gebracht (...) Noch bei Tage, dann aber heftiger bei Nacht – im hellen Mondschein – von allen Seiten Kampf, Gewehr- und Geschützfeuer. Eingedrungene Truppen mußten unter Steinhagel nach der Behrenstraße zurück. (...) Der Kampf dauerte die ganze Nacht.«[43]

Eine Federlithographie Theodor Hosemanns von 1848, eines der bekanntesten Bilder der Märzunruhen, zeigt den Schlosserlehrling Ernst Zinna, der mit dem 19jährigen Gesellen Wilhelm Glasewaldt die Barrikade in der Jäger-/ Ecke Friedrichstraße verteidigte. Eine Zeichnung hält den Kampf eine Querstraße weiter fest.

Demnach errichteten Demonstranten nördlich der Taubenstraße quer über die Friedrichstraße eine Verteidigungsbarriere, die durch einen Pferdeomnibuswagen verstärkt wurde. Zu sehen ist auf dem Bild außerdem ein Mann, der die Deutschlandfahne über der linken Schulter trägt und mit gestrecktem Arm, den Säbel in die Höhe haltend, auf die Barrikade zuschreitet. In einer »Berliner Revolutions-Chronik« von 1851 beschreibt ein Zeitzeuge, wie »das zweite (Stettiner) Infanterie-Regiment von den Linden her in die große Friedrichstraße« eindrang. »Die ersten Barrikaden wurden auch hier ohne großen Widerstand genommen.« Der sich aufbäumende Ernst Zinna sei dabei zu Tode gekommen. »Erst an der Taubenstraße-Ecke wurde die Barrikade, die man nach Kräften verstärkt hatte, mit solcher Energie vertheidigt, daß auch hier die Infanterie nicht weiter vordringen konnte, und da diese sehr lange und schnurgerade Straße das Einwirken der Artillerie verstattete, fuhren zwei Geschütze auf, protzten an der Ecke der Französischen Straße ab und bestrichen die Straße zuerst mit Paßkugeln und dann mit Kartätschen. Dieses Feuer hatte indessen auch nur eine geringe Wirkung, weil die Vertheidiger der Barrikaden sich sofort hinter die Eckhäuser der vielen Querstraßen, welche die Friedrichstraße durchschneiden, zurückgezogen.«[44]

Rudolf Virchow, der sich auf Seiten der geschätzten 3.000 bis 4.000 Kämpfer in Berlin befand, schrieb am 19. 3. 1848 an seinen Vater: »Zum erstenmal seit der Französischen Revolution des vorigen Jahrhunderts, zum erstenmal seit dem Beginn der deutschen Geschichte ist es vorgekommen, daß ein Landesfürst auf seine Untertanen mit Kanonen hat schießen lassen; das Kleingewehrfeuer genügte nicht ... Vor der Barrikade, welche die Friedrichstraße von der Taubenstraße sperrte, und hinter der ich mich befand, stand das Königs-Regiment aus Stettin mit zwei Kanonen; in der Barrikade waren nur zwölf Büchsen und doch wurde das Militär vor derselben länger als zwei Stunden zurückgeworfen. Der Oberst Graf Schulenburg ist getötet, der eine Major tödlich verwundet, drei oder vier Offiziere und neunzehn Gemeine getötet. … Überall haben sich die Berliner wie die Löwen geschlagen, es sind soviel Heldentaten geschehen, daß man von einzelnen nicht reden kann.«[45]

Nach der Einnahme der Barrikade durch die Militärs »begann ein wüthender Kampf an der Barrikade der Kronen- und Friedrichstraße-Ecke. Auf dem platten Dache eines der dortigen Häuser standen viele Bürger mit Schießgewehren versehen, auch hinter der Barrikade und aus den Fenstern der übrigen Häuser wurde geschossen, und bei diesem Angriff war es, wo einer der Stabsoffiziere vom Pferde geschossen wurde, als er an der Spitze der Colonnen angriff.«[46]

Eine zeitgenössische Darstellung hält auch diese Szene und die Kampfhandlungen an der Kronenstraße fest. Zu sehen sind auch unter anderem drei Kinder, die aus Fenstern gebrochenes Blei zu Kugeln gießen. Noch heute befindet sich hier, am Altbau auf der Nordostseite der Straßenkreuzung Kronen-/Friedrichstraße, eine Gedenktafel mit folgender Inschrift: »An diesem Ort stand eine Barrikade, die am 18. März erfolgreich verteidigt wurde. Der Referendar und Landwehroffizier Gustav von

»Von allen Seiten Kampf, Gewehr- und Geschützfeuer«: Die Barrikaden an der Ecke Kronen-/Friedrichstraße im März 1848.

Lensky kämpfte und starb hier. Es kommt dazu trotz alledem, daß rings der Mensch die Bruderhand dem Menschen reicht trotz alledem! Ferdinand Freiligrath (1843) nach Robert Burns (1795).«

Die militärärztliche Bildungsstätte

Der mit den Barrikadenkämpfern von 1848 sympathisierende Rudolf Virchow hatte, bevor er am ältesten Krankenhaus Berlins, der Charité, Karriere machte, seine medizinische Ausbildung an der »Pepinière« an der Friedrichstraße absolviert. »Zur Seite des Stadtbahnhofs und fast zu dicht bei ihm liegt die ›Pepinière‹, die heute das ›medicinisch-chirurgische Friedrich-Wilhelms-Institut‹ heißt. Am 2. August 1795 gestiftet, befand sich diese militärärztliche Bildungsstätte anfangs in einem Flügel der Artilleriekaserne an der Ecke der Georgen- und Universitätsstraße, und wurde 1826 in das jetzige Gebäude verlegt.«[47]

Das Gründungsanliegen der Anstalt läßt sich im übertragenen Sinn aus dem französischen Wort ableiten, das soviel wie Baum- oder Pflanzschule bedeutet. Als »medizinisch-chirurgische Akademie für das Militär« war sie

Die »Pepinière«, Foto von 1905.

demnach so etwas wie eine »Pflanzschule« für Militärärzte. Auch Mittellosen wurde hier ein Medizinstudium ermöglicht. Die nahegelegene Charité besaß wie die Pepinière den Status einer Militärakademie, nahm aber ebenso Zivilstudenten auf. Diese studierten auf eigene Kosten und unterlagen keinerlei zeitlichen Reglementierungen. Die angehenden Militärärzte hatten »zu drei bis vier gemeinschaftlich auf einer Stube freie Wohnung, freies Holz und Licht, und erhalten monatlich 8 Thlr. Gehalt. Sie hören alle medicinisch-chirurgischen Vorlesungen … und die allgemeinen wissenschaftlichen Vorträge bei eigenen Lehrern gratis. Nach Ablauf der 4 Jahre treten sie zur Ausbildung im praktischen Krankendienst in die Charité auf 1 Jahr und sodann als Unterwundärzte in die Armee über, in welchem Grade sie acht Jahre zu verweilen haben, wenn sie nicht früher nach ihrer Qualität zu oberen Militair-Aerzten avanciren. Vom Jahre der Stiftung bis zum Feldzuge im Jahre 1806 waren schon 640 Wundärzte aus der Anstalt in die Armee eingetreten.«[48]

Im Jahre 1883 waren an der Pepinière ein Generalsarzt, ein Marinestabsarzt und 13 Stabsärzte tätig, außerdem ein Rechnungsrat als Verwalter. Zu den bekanntesten Absolventen zählten neben Virchow auch der Psychologe und Physiker Hermann Helmholtz sowie Emil von Behring, der sich um die Heilung diphtheriekranker Menschen, vor allem Kinder, verdient machte und 1901 mit dem ersten Nobelpreis für Medizin ausgezeichnet wurde. Mit dem Internisten Ernst von Leyden sei ein letzter Mediziner erwähnt, der hier seine Ausbildung absolvierte, sich vor allem für die Krebsforschung engagierte und 1910, zwei Jahre vor seinem Tod, die Internationale Vereinigung für Krebsforschung gründete.

Das Friedrich-Wilhelm-Institut trug ab 1897 den ehrenvollen Namen »Kaiser-Wilhelm-Akademie«, bevor es noch vor dem Ersten Weltkrieg an der Invalidenstraße unter der Bezeichnung »Kaiser-Wilhelm-Akademie für das militärärztliche Bildungswesen« neue Räume beziehen sollte. Das Gelände am alten Standort wurde kurz darauf im Zuge der Erweiterung des Bahnhofs Friedrichstraße an die Eisenbahn verkauft. Das große Gebäude an der Friedrichstraße 139-141 stand vordem genau dort, wo heute nur der »Tränenpalast« und flache Steinbaracken der ehemaligen DDR-Grenzübergangsbauten übrig sind.

Das medizinische Angebot entlang der Friedrichstraße war in ihrem nördlichen Bereich in der Nähe des großen Krankenhauses Charité seinerzeit ausgesprochen vielfältig, wie der Blick in zeitgenössische Adreßbücher zeigt. 1882 ist in der Friedrichstraße 104 a eine Poliklinik für Frauen- und Kinderkrankheiten registriert, 1889 im Haus Nr. 133 a eine Poliklinik für Ohren- und Nasenkrankheiten sowie in Nr. 125 ein »Büreau des Deutschen Pharmaceuten-Vereins«. 1895 existierte außerdem im Eckhaus Nr. 108 zur Johannisstraße eine Aktiengesellschaft »Medicinisches Waarenhaus«. In der Friedrichstraße 133 waren »Winklers Chirurgische Instrumente« ansässig. Der von den Stadtplänen verschwundene dreieckförmige »Platz an der Thierarzneischule« erinnerte zudem an die 1790 eröffnete tierärztliche Wirkungsstätte westlich der Friedrichstraße nahe der Panke.

Im Jahre 1887 erschien im Berliner Adreßbuch eine groß aufgemachte Geschäftsanzeige eines Dr. med. Reseck: »Das schmerzhafte Bohren der Zähne mit der Bohrmaschine vor dem Plombieren und Einsetzen künstlicher Zähne, das schmerzhafte Graben mit Instrumenten ist ganz unnöthig nach meinem System, wovon ich der Erfinder und alleinige Besitzer bin.«[49] Der in Deutschland nicht geprüfte, aber »in Amerika approbirte Zahnarzt« empfing »von 10–3 Uhr in den Wochentagen« in der »Friedrich-Straße 236, 2 Treppen.«

Der Homöopath unterstrich in seiner Anzeige seine »Warnung bei Zahnweh gegen das Aethern, das Nervtödten und Ausziehen der Zähne. Alle diese Mittel sind nur die Gesundheit zerstörend und Schmerzen vermeh-

rend; die Gase und Gifte richten schrecklichen Schaden im Körper des Kranken an.«

In die Medizingeschichte ist Doktor Reseck nicht eingegangen, so verlockend seine Werbung klang. Doch nur wenig später entwickelte der in der Nachbarschaft ansässige Mediziner Carl Ludwig Schleich eine neue, risikoärmere Narkosemethode, die er im Jahre 1892 auf dem Berliner Chirurgenkongreß vorstellte. Gegenüber der mit Gefahren verbundenen Äther- oder Chloroform-Vollnarkose setzte der Arzt auf die Infiltrationsanästhesie, eine örtlichen Betäubungsmethode mit einem Gemisch aus Kokain und Wasser. Schleich wohnte seit seiner Niederlassung 1889 in Berlin in der Friedrichstraße 250, kurz vor dem Belle-Alliance-Platz, nur unweit des in Deutschland nicht zugelassenen Dr. Reseck.

Zirkus an der Friedrichstraße

Einer derjenigen, die unter den Folgen der Märzrevolution 1848 zu leiden hatten und der Stadt den Rücken kehrten, war der Zirkusdirektor Ernst Jakob Renz. Die Zeiten waren nicht eben rosig, die Menschen hatten kein Geld für den Besuch von Zirkusvorstellungen. Als Renz nach eineinhalbjähriger Abwesenheit in die preußische Hauptstadt zurückkehrte und an der südlichen Charlottenstraße seine Zelte aufschlug, sah er sich mit einem Konkurrenten konfrontiert: An der Friedrichstraße 141 a lockte der »Cirque National de Paris« von Louis Déjean in einem eigens errichteten Fachwerkbau, in dem am 25. Dezember 1850 die Premiere stattfand. Das hölzerne Ge-

Das medizinische Angebot in der Friedrichstraße war nicht zuletzt wegen der Nähe zur Charité ausgesprochen vielfältig.

In Deutschland nicht geprüft. **Dr. med. Reseck,** in Amerika approbirter Zahnarzt. Homöopath, (nicht hier) im Auslande approbirt. Erfinder und alleiniger Besitzer der schmerzlosen Zahnheilmethode. Specialität für nur schmerzloses Plombiren, Einsetzen und Reinigen der Zähne, ohne die schmerzbereitende Bohrmaschine, schädliche Aetherungen und Gifte zum Nervtödten anzuwenden. Heilung nur durch Arznei. Für homöopathische und elektro-homöopathische Kuren Sprechstunden von 10–3 Uhr in den Wochentagen. **236 BERLIN SW.** Friedrich-Straße **236** 2 Treppen.

bäude war »für Darstellungen der höheren Reitkunst bestimmt« und »nach den polizeilichen Gesetzen nur interimistisch auf die Dauer von 4 Jahren errichtet ..., so ist das Aeussere desselben ohne alle architektonische Schmuckform aufgeführt, und nur der innere Raum decorativ behandelt.«[50]

Nach einer Sommerpause gastierte Déjean noch eine weitere Wintersaison, bevor er sein Berliner Gastspiel endgültig beendete. Renz beeilte sich nun, noch vor Ablauf der Wintersaison 1852 selbst diesen Zirkusbau bespielen zu können, existierte doch in Berlin kein besserer als dieser nach Pariser Vorbild an der Friedrichstraße erbaute. Mit dem sicheren Gespür für das richtige Datum eröffnete er die Wintersaison 1853/54 mit einer Festvorstellung anläßlich des Geburtstages des Preußenkönigs, der an jenem 15. Oktober 58 Jahre alt wurde. Doch am 28. November, kurz vor 12 Uhr mittags, stand das Gebäude plötzlich in Flammen. »Das Feuer ist in dem dicht neben dem Zirkus gelegenen Restaurationslokale entstanden und hat sich von dort aus dem Zirkuslokale mitgetheilt. Da sämmtliche Mitglieder anwesend waren, so konnten glücklicherweise die Pferde sämmtlich gerettet werden; ... ebenso ... auch die drei Strauße und die Hirsche, welche Herr Renz zu seinen Vorstellungen benutzte«[51], hieß es in der »Volkszeitung« tags darauf.

Ein Neubau »wurde im Jahre 1855 von dem Zimmermeister Herrn Otto unternommen. Auf den Wunsch desselben unterzog sich der Unterzeichnete nach vorheriger gemeinsamer Feststellung der Grundrisse der weiteren Ausführung des Entwurfes in constructiver und decorativer Beziehung (...) Polizeilicher Verordnung gemäß ist das Gebäude vollständig massiv, in den Umfassungsmauern und Treppen von Stein, das Dachwerk von Eisen construirt.«[52]

Der in die Jahre gekommene Otto wiederum verkaufte 1866/67 für 120.000 Taler an Ernst Renz. Zirkus lebte damals vor allem von den Pferdedressuren; je mehr Pferde, desto prachtvoller, desto besser die Wirkung beim Publikum. Ernst Renz galt als Meister der Pferdedressur, er baute das von Otto übernommene Gebäude um, und es gelang ihm, seinen Zirkus über Jahre hinweg zu einem Publikumsmagneten zu machen. Begeistert zeigten sich die Menschen auch von als schwer dressier-

bar geltenden und exotischen Tierarten. Exklusive Ausgestaltung und mit einer Masse von Tieren und Statisten inszenierte »Bilder aus der Geschichte« zogen das Publikum an – zu einer Zeit, in der es noch keine Varietés und Revuen gab. Die Mischung von Dressur, Akrobatik und Show fand in allen Volksschichten Anklang, das Platzangebot reichte von der teuren Loge bis zum erschwinglichen Stehplatz.

Renz, mit seinem Zirkus gewissermaßen Unterhaltungspionier an der Friedrichstraße, ließ gleich nebenan, in der Georgenstraße 16, sein Wohnhaus errichten. Das große Geld machte er schließlich mit dem Verkauf des Zirkus: 820.000 Taler konnte er 1872 erzielen, als Baugesellschaften zur Anlage der Stadtbahn und des Bahnhofs Friedrichstraße das Gelände brauchten. Das Zirkusgebäude konnte er sogar noch einige Jahre weiternutzen, weil es Verzögerungen beim Bau der Strecke gab. Im Jahre 1876 fiel zwar der Vorhang für den Zirkus an diesem Ort, aber mit dem Vergnügen in der Friedrichstraße sollte es nach der Eröffnung des Fernbahnhofs erst richtig losgehen.

Der Zirkus Renz zog 1879 auf die andere Seite der Spree, in die umgebaute erste Berliner Markthalle. Der Straßenname am Berliner Ensemble erinnert noch daran: Am Zirkus.

Die städtischen Markthallen

Bis Mitte des 19. Jahrhunderts hatten in Berlin Wochenmärkte ausschließlich unter freiem Himmel stattgefunden. Der Architekt Friedrich Hitzig projektierte, dem Vorbild der Pariser »Halles Centrales« entsprechend, die erste Markthalle für ein größeres, unbebautes Holzlagergelände nordwestlich der Weidendammer Brücke nahe der Friedrichstraße. Am 1. Oktober 1867 war die Einweihung; die Händler der umliegenden, mit Eröffnung der Markthalle kurzerhand geschlossenen Märkte bezogen ihre Stände. In der Tat verlief der Start vielversprechend. Die Kunden strömten, der Modernisierungsschub für die Großstadt schien sich auch für die Händler bezahlt zu machen. Immerhin hatten sich die hygienischen Verhältnisse schlagartig verbessert: Alle Fische wurden in fließendem Wasser gehalten, Blumen und Gemüse stets frisch angeboten, die Wetterverhältnisse konnten den Verkauf nicht mehr beeinträchtigen. Um so überraschender kam das plötzliche Ende am 18. April 1868, nur ein knappes halbes Jahr nach der Eröffnung. Die Standgelder, die der Betreibergesellschaft Gewinne sichern sollten, waren zu hoch und für die kleinen Händler nicht zu erwirtschaften.

Die Eigentümer dieser ersten Berliner Markthalle ließen das Gebäude umbauen und ab Weihnachten 1873 Zirkusvorstellungen darin stattfinden. Den betroffenen Händlern war nichts anderes übriggeblieben, als ihre Waren wieder auf den herkömmlichen Wochenmärkten feilzubieten, bis man 1872 Pläne entwarf, die die Errichtung

gleich mehrere Markthallen vorsahen. Da der neue Polizeipräsident Wurmb nach der schlechten Erfahrung mit der ersten Halle keine gewinnorientierte Privatgesellschaft als Betreiberin mehr dulden wollte, sollte es noch eine Weile dauern, bis das ehrgeizige Vorhaben in die Realität umgesetzt werden konnte. Die Zeit drängte, denn mit der Stadtbevölkerung wuchsen die Versorgungsprobleme und die unhaltbaren Zustände auf den öffentlichen Märkten.

Der Architekt und Eisenbahnbaumeister August Orth wies zudem auf die Vorteile hin, die eine Einrichtung von festen Verkaufshallen für das Stadtbild mit sich

Blumenbörse in der Markthalle II, Friedrich-/Lindenstraße, um 1930.

bringen würde: »Die dringend nothwendige Ausführung von Markthallen auf Kosten der Stadtgemeinde wird es zugleich möglich machen, die wenigen öffentlichen Plätze der innern Stadt durch Bepflanzung, Anlage von Sitzplätzen, von Wasseranlagen u.s.w. umzuschaffen zu Plätzen der Erholung für die Bevölkerung und durch Bildung des Schönheitssinnes auf grössere Gesittung hinzuwirken.«[53]

Doch erst gut zehn Jahre, nachdem die erste Berliner Markthalle zum Zirkus geworden war, trug das Vorhaben des Polizeipräsidenten Wurmb, demzufolge feste Lebensmittelmärkte unter öffentlich-kommunaler Aufsicht betrieben werden sollten, endlich Früchte. Nachdem der Magistrat der Errichtung entsprechender Festbauten unter städtischer Verwaltung zugestimmt hatte, erließ Oberbürgermeister Maximilian von Forckenbeck am 30. April 1886 folgende »Bekanntmachung betreffend die Eröffnung von vier städtischen Markthallen«: Diese »werden am 3. Mai d. J. von morgens Ein Uhr ab durch uns dem öffentlichen Verkehr übergeben.«[54] Geöffnet wurden die Central-Markthalle in der Neuen Friedrichstraße, die Markthalle II in der Lindenstraße – Friedrichstraße, die Markthalle III in der Zimmerstraße – Mauerstraße und die Markthalle IV in der Dorotheenstraße – Reichstagsufer für den Engros- und für den Detail-Handel. Halle I nahe der Bahnstation Alexanderplatz verfügte über einen Gleis-

Café Bauer (links) und Café Kranzler (rechts) an der Kreuzung zu den Linden, um 1885.

anschluß und war deshalb die Zentralmarkthalle. Die Markthalle II lag direkt an der Friedrichstraße 18 und reichte bis zur Lindenstraße 97/98. Bei ihr handelt es sich um die einzige Halle aus der damaligen Zeit, die heute wieder ihre alte Funktion innehat. Halle Nr. III lag dicht bei der Friedrichstraße in der Mauerstraße 82 / Zimmerstraße 90/91, Halle Nr. IV schließlich befand sich nördlich, deutlich abseits der Friedrichstraße.

Alle vier Markthallen waren dazu bestimmt, »an Stelle folgender ... zu schließender Wochenmärkte: 1. auf dem Alexander-Platze, 2. auf dem Neuen Markte, 3. auf dem Dönhofs-Platze, 4. auf dem Gendarmenmarkte, 5. auf dem Belle-Alliance-Platze, 6. am Potsdamer Thore, 7.

in der Karlstraße, Ecke der Louisenstraße, und 8. am Oranienburger Thore zu treten.«[55] Die mit 120 Metern Länge und 50 Metern Breite größte Markthalle war die Nummer II direkt an der Friedrichstraße. Alle vier wurden von der Kundschaft bestens angenommen, so daß der Magistrat bis 1892 zehn weitere Hallen im Stadtgebiet eröffnete.

Cafés und Passagen

»Erst auf der Wiener Weltausstellung im Jahre 1873 ward es durch die Bequemlichkeit, den Luxus und den sonstigen Reiz des Wiener Kaffeehauslebens einer gar zu gro-

Im Café Bauer, 1888: Exklusive Ausstattung und elektrische Beleuchtung, mehr als achtzig Zeitungen lagen hier aus.

ßen Anzahl Berlinern, die es nun plötzlich und gleichzeitig zuerst kennen lernten, zum Bewußtsein gebracht, daß Berlin in dieser Sache in eine offene Sackgasse hineingeraten sei, und daß die Umkehr versucht werden müsse. Der erste Versuch eines Kaffeehauses im Wiener Stile fand in der neuen eleganten Kaisergalerie statt ... Man kochte den Kaffee nach Wiener Art unter Zusatz von sogenanntem Feigenkaffee, tischte ihn im Glase auf, statt in der Tasse, gab den Mischungen von Kaffee und Sahne, nach dem Wiener Beispiel, besondere Namen je nach der Farbe ... Die Kellner ließ man anfangs ganz und gar aus Wien

Café im Lichthof des Central-Hotels, um 1890.

kommen, um gleich den richtigen Schwung in die Sache zu bringen, mit Zahlkellner, Zeitungsordner u.s.w.«, schilderte Julius Faucher 1877.[56]

Das Café in der »Kaisergalerie« sollte nicht das einzige im Wiener Stil bleiben. Nach dem deutsch-französischen Krieg der Jahre 1870/71 war Frankreich zur Zahlung von Kriegsentschädigungen verpflichtet worden und damit kräftig Geld in die Staatskasse geflossen. Genug, um nicht zuletzt in der Spreemetropole eine geradezu fieberhafte Bautätigkeit zu entfachen. Vor allem in und um die Friedrichstraße entstand eine Vielzahl herrschaftlicher Bauten mit protzigen Fassaden, in denen sich auch Cafés und Restaurants der gehobenen Kategorie niederließen.

So eröffnete im noblen »Hotel Kaiserhof« am 1. Oktober 1875 der Wiener Mathias Bauer sein Café gleichzeitig mit dem Hotel. Doch ein Brand warf den erhofften guten Geschäftsstart in der deutschen Hauptstadt zunächst zurück. Am 13. Oktober 1877 gelang dies mit einem »Café Bauer« an der Ecke Unter den Linden 26 / Friedrichstraße, die schon früher als »Kosthaus reicherer Leute« gelobt worden war. Im Erd- und ersten Obergeschoß konnte das Café Bauer Gäste empfangen, die in den nachfolgenden Jahren besonders der vielen Zeitungen und Zeitschriften wegen kamen. Allein 1889 haben über 80 Berliner Blätter bei Bauer ausgelegen: 28 politische Zeitungen, 36 Fachzeitungen, drei Illustrierte, vier aus dem Bereich Belletristik, fünf aus der Rubrik Humor sowie Adreß- und Kursbücher.

Die Inneneinrichtung des Cafés glänzte durch Exklusivität: Anton von Werner, Historienmaler und Präsident der Akademie der Künste hatte die Wandmalereien mit Motiven »römischer Landschaften« und Darstellungen aus dem römischen Leben beigesteuert. Ein anderer Glanz erleuchtete das Café Bauer 1884. In der unmittelbaren Nachbarschaft, in der Friedrichstraße 85, kaufte die »Deutsche Edison-Gesellschaft für angewandte Elektrizität« (später AEG) das dortige Gebäude und errichtete im Keller eine Blockstation, die den gesamten Häuserblock mit Strom versorgen konnte. Von dieser ersten Blockstation in Deutschland profitierte Bauer: Er war der erste, der sein Lokal mit elektrischem Licht erleuchtete.

Der zweifellos prunkvollste und aufsehenerregendste Bau in der Friedrichstraße jedoch war die »Kaisergalerie«.

In anderen europäischen Metropolen gab es sie früher: die Passage als großstädtischen Durchgang. Da Berlin nicht nur eine große Stadt, sondern Großstadt sein wollte, durfte sie nicht fehlen. »Auf dem Wege besahen wir schon einige von den mit Glas bedeckten Passagen, die höchst elegant und bequem eingerichtet sind, auch das Palais Royal«[57], hatte Karl Friedrich Schinkel bereits 1826 nach seiner Ankunft in Paris in seinem Tagebuch notiert. Zwar machte er sich kurz darauf an die Entwicklung entsprechender Pläne auch für Berlin, doch bauen durfte er sie nicht.

Mehr als vierzig Jahre später nahm der Bankier Aron Hirsch Heymann die Umsetzung in die Hand. Sein »Ge-schäfts-Lokal« lag Unter den Linden 23, zwei Hausnummern vom Café Kranzler entfernt. Heymann berief noch vor Ablauf des Jahres 1869 ein »Comité« zur Realisierung seiner Idee ein, die Linden mit der Behrenstraße durch eine Passage zu verbinden. »Diese ›Gründung‹ dankt ihre Entstehung nicht gewinnsüchtiger Absicht, sondern dem patriotischen Bestreben, Berlin um eine neue großartige Einrichtung, um ein architektonisches Kunstwerk mehr zu bereichern.«[58] Theodor Fontane berichtete zu eben dieser Zeit aus dem fernen Italien weniger euphorisch: »Nach einer unerläßlichen Säuberung und Einnahme des Soupers ... ging ich in die Stadt und sah den Dom, den Scala-Platz mit seinem gleichnamigen Theater ... und die neuer-

Café Friedrichshof, Friedrichstraße / Ecke Kochstraße um 1885.

dings so berühmt gewordene ›Galeria Vittorio Emanuele‹, das Vorbild zu unserer ›Passage‹, die daneben allerdings zu einem bloßen Gäßchen zusammenschrumpft. Überhaupt, welche Stadt! Oh, Berlin wie weit ab bist du von einer wirklichen Hauptstadt des Deutschen Reiches! Du bist durch politische Verhältnisse dazu geworden, aber nicht durch dich selbst. Wirst es, nach dieser Seite hin, auch noch lange nicht werden. Vielleicht fehlen die Mittel, gewiß die Gesinnung.«[59]

Fontane sparte nicht an Spott über die erste Passage Berlins zwischen der Friedrich-/Ecke Behrenstraße und den Linden. »Gäßchen« nannte er sie, obschon immerhin knapp acht Meter breit und 128 Meter lang. Der Autor Robert Springer hingegen meinte, »eine köstliche Copie

Innenaufnahme der Kaisergalerie, um 1895.

der berühmten Mailänder Passage« in der »deutschen Kaiserstadt« loben zu können.[60]

Um die Passage als moderne Städtebaulösung endgültig zu etablieren, hatte sich im März 1870 ein eigener Actien-Bauverein »Passage« gegründet. Nach Entwürfen von Walter Kyllmann und Adolf Heyden, einer erfolgreichen Architektenassoziation ihrer Zeit, begannen die Bauarbeiten 1869. Zu diesem Zweck waren gleich mehrere Grundstücke gekauft und zusammengelegt worden: Unter den Linden 22/23, Behrenstraße 50/52 und Friedrichstraße 163/164. Ein großer Torbogen an der Ecke Friedrichstraße/Behrenstraße zog die Aufmerksamkeit auf sich und lockte die Passanten in die Galerie, Richtung Linden.

Die Passagenecke nicht spitzwinklig zu bauen, sondern abgeschrägt zu betonen, förderte ihre Wirkung ganz entscheidend. Ein Glasdach überspannte das dreigeschossige Bauwerk im Inneren, das im stumpfen Winkel in der Mitte zur Lindenallee abknickte, wodurch dieses Stück parallel zur Friedrichstraße verlief. Eine mittige Rotunde erhob sich über dem achteckigen Grundriß und bildete eine Art »inneres Gelenk« der Anlage. Obenauf setzten die Architekten noch eine französisch angehauchte große Dachgaube und flankierten sie durch zwei Türmchen in der Verlängerung der beiden Erker – wer seinerzeit als Investor und Architekt die Chance erhielt, ein Eckgrundstück zu bebauen, versuchte sich mit gestalterischen Besonderheiten hervorzutun, in der Regel durch Türme und Hauben sowie Abschrägungen der Ecke. Die Tonwarenfabrik March aus Charlottenburg lieferte die hellen Terrakotten zur äußeren Verkleidung des Komplexes, neben der auch Sandstein genutzt wurde.

Die Einweihung glich einer Inszenierung für das kaiserliche Herrscherhaus. Wilhelm I. erschien mit seinem Gefolge drei Tage vor seinem Geburtstag, an dem wiederum die Öffentlichkeit erstmalig Gelegenheit hatte, die Passage zu bewundern. Jener 22. März 1873 sah nun im Zentrum der Reichshauptstadt eine »Kaiser-Galerie« als erste Passage Berlins in Nutzung gehen, nachdem Wilhelm I. »darin gewilligt, daß sie (so) getauft werde«, wie die Vossische Zeitung zu berichten wußte. »Möge ihr der neue Name Glück und gut Wetter bringen, ihren Läden hohe Miethen, ihren Miethern die besten Geschäfte, ihren Aktien die höchsten Course und den Aktionären eine so vollkommene Befriedigung, wie sie ihren gestrigen Gästen wurde.«[61]

Die Kaisergalerie wies insgesamt 53 Läden auf, die sowohl rechts und links des Passagedurchgangs, als auch an der langen Front zur Behrenstraße, an der Friedrichstraße und Unter den Linden lagen. Von Wiener und anderen Cafés, Konditoreien, Buffets, Likörstuben oder Restaurants bis hin zu Zigarrenhandlungen, von Bekleidungsgeschäften, Krawatten- und Handschuhläden, Bijouteriewaren, Schmuck und Lederprodukten bis Photographen, Buch- und Kunsthandlungen, von Uhrmachern, Optikern bis Korallen-, Bernstein- und Meerschaumhandlungen reichte das vielfältige Spektrum der Händler und Mieter von 1873 bis 1943, das sich in Berliner Adreßbü-

chern nachlesen läßt. Nicht Waren des täglichen Bedarfs, sondern dies und das für flanierende Käufer wurde angeboten. »Am belebtesten ist es in und vor der Passage zur Nachmittagszeit, wenn die junge vornehme Welt sich zur Promenade anschickt. Namentlich Sonntags, wenn der Himmel nicht eine gar zu düstere Miene macht, ist des Menschengewühls kein Ende«[62], erfuhren die Leser der »Gartenlaube«.

Nachdem die erste Durststrecke überwunden, der Gründerkrach verschmerzt war, entwickelte sich die Passage immer mehr zu einer Attraktion für die nach Berlin strömenden Touristen. Neben den Läden zogen die verschiedenen Unterhaltungseinrichtungen Publikum an. Diese lagen im Obergeschoß, über eine konfus anmu-

Die Passage nach dem Umbau mit neuem Glasdach, um 1933.

tende Raumfolge verteilt. Den größten Raum stellte ein Saal dar, der hinter der Passagenfront Unter den Linden über deren gesamte Breite ging, anfänglich für Konzerte genutzt, die der Königliche Musikdirektor Bilse gab. Dort etablierte sich Anfang des 20. Jahrhunderts das »Passage-Theater«, das Darbietungen der ernsten Musik oder von Gesangskomikern mit akrobatischer Unterhaltung ganz im Sinne des Varietés mischte. Schlußendlich nutzte ein Kino den Saal.

Eine besondere Attraktion war auch, wie die »Vossische Zeitung« am 2. Oktober 1879 notierte, als für die Dauer einer Ausstellung die Passage kurzzeitig mit elektrischem Licht beleuchtet worden war. »Zieht man hierbei jedoch in Betracht, daß die elektrische Beleuchtung nicht

nur den unteren Theil der Galerie sehr viel heller beschien wie die Gaslichter, sondern auch daß die elektrischen Flammen so angebracht waren, daß sie den ganzen prächtigen Bau bis zum Dache hinauf gleichmäßig erhellten, was bei der Gasbeleuchtung durchaus nicht der Fall ist ..., so muß man anerkennen, daß die elektrische Beleuchtung nicht nur schöner, sondern unter passenden Verhältnissen auch viel billiger geworden ist, wie die Gasbeleuchtung.«[63]

1885 konnte die Passage mit einer weiteren Attraktion aufwarten, dem »Kaiser-Panorama«, einer Art frühem Vorläufer der Kino-Wochenschauen. Fünfzehn Besucher konnten gleichzeitig in einem Rondell stereoskopische, räumlich wirkende, farbige Bilder auf Glasdias ansehen.

Berlins erste Passage, die Kaisergalerie in der Friedrichstraße, wurde 1873 eröffnet. Foto von 1909.

Der Betreiber August Fuhrmann schrieb über seinen Betrachtungsapparat: »Bei dem von mir konstruierten Apparat erfolgt die Bilderbewegung automatisch; die Beschauer können, bequem sitzend, die in einem Zyklus vereinigte Bilderreihe mit den erklärenden Benennungen an sich vorüberziehen lassen, ohne ihre Plätze wechseln zu müssen. Ja, jeder Besucher kann an seinem Platz die Beleuchtung nach Belieben regulieren, um vorzügliche Effekte der Lichtstimmung und Übergänge vom Tage zur Nacht bei den Landschaften usw. zu beobachten.«[64]

Gezeigt wurden »Bild-Cyclen« zu patriotischen Themen und Motive von Ländern und Leuten, fremden Kulturen und außergewöhnlichen Sehenswürdigkeiten. August Fuhrmanns Kaiser-Panorama warb unter anderem

auf Handzetteln mit Zuschriften wie folgender: »Seit vielen Monaten lese ich beim Gange durch die Passage: Kaiser-Panorama, Original-Glas-Photogramme der fünf Welttheile, Entree 20 Pf. Was kann für ein so niedriges Entree in den theuren Räumen der Passage geboten werden? – Diese Frage hielt mich lange Zeit vom Besuche fern; ich bedaure das lebhaft, denn was ich in den wenigen Monaten im Panorama gesehen habe, übertrifft Alles, was wohl je auf diesem Gebiete erzielt wurde (...) Ruhig sitzt der Beschauer auf seinem Stuhl und läßt die einzelnen Ansichten an sich vorüberziehen, jeder Platz zeigt eine andere Scene (...) Und danke ich ihm hiermit öffentlich für die vielen genussreichen Abende, die ich bei ihm verlebte.«[65]

Die Hohenzollern – als Wachsfiguren in Castan's Panoptikum, 1880.

Die größte Attraktion, »eine der ersten und interessantesten Sehenswürdigkeiten der Hauptstadt, ein Zielpunkt aller Fremden«, stellte »Castan's Panopticum« dar. Die Galerie plastischer Bildwerke berühmter und interessanter Persönlichkeiten sowie nachgestellte zeithistorische Gruppen komplettierten die umtriebigen Brüder Castan mit angekauften Sammlungen: der Krönungswagen von Napoleon Bonaparte, ein Rokoko-Schrank mit den »Reliquien« Friedrichs des Großen, die Sedan-Sammlung mit dem vollständigen Original-Tafelservice Napoleons III. oder eine »Goethe-Sammlung« waren zu bewundern. Das Panoptikum war schließlich so vollgestopft, daß den Castans der Neubau des Münchner Pschorr-Bräus an der gegenüberliegenden Ecke Behren-/Friedrichstraße gerade recht kam. Nach deren Auszug 1888 wurden die ehemaligen Pschorr-Räume noch im gleichen Jahr an die »Passage-Panopticum« Aktiengesellschaft vermietet, so daß nur die Behrenstraße die nunmehr zwei Panoptiken der Castans trennte.

Das »Neue Passagen-Panopticum« verstand sich nicht als Nachahmung der Gebrüder Castan und betonte, diesem nur in wenigen Punkten Konkurrenz zu machen. »Wachsfigurenkabinett, Panorama, Dioramen, Transparente, herrlich dekorierte Fest- und Restaurationssäle, Schauplätze, auf welchen sich der übermüthigste, originellste Berliner Humor in kühnen, hochkomischen Kunstschöpfungen entfaltet, Grottenlabyrinthe, mit romantischen Sagen- und Nymphenzauber, ... ethnographische und naturgeschichtliche Museumszimmer ... (sind) unter einem Dache vereinigt.«[66]

Und auch exotisch anmutende Gastspiele gab es im Panoptikum: »Salambo, Salambo, Salambo! Dieser Name, der so angenehm gebildet nach französischer Literatur klingt, ist überall in dreifacher Häufung zu lesen. Nur der Name in großen ›Lettern‹ ohne erklärenden Zusatz. Er scheint ein Geheimnis einzuschließen. Salambo ist ein anmutiges blondes Geschöpf. Schlank und geschmeidig, mit kraftvoll zarten Gliedern und graziösen, ebenmäßigen Bewegungen. Sie lacht einigermaßen unwiderstehlich, die ganze Presse hat sie bewundert, nachdem jede Zeitung einen Redakteur, den lokalen und vermischten, zur Besichtigung nach Castans Panoptikum geschickt hat; das sogenannte Publikum ist mit der Bewunderung nachgefolgt, und wenn jetzt drei oder vier jüngere Herren nach gemeinsamem Mittagsmahl um halb fünf bei Kaffee und Liqueur zusammensitzen, entschließen sie sich leicht, die Fahrt nach der Friedrichstraße anzutreten, um Salambo, Salambo, Salambo zu sehen ...«[67]

Allen Sehenswürdigkeiten zum Trotz, die Geschäfte in der Passage liefen mehr schlecht als recht. In der Folge fiel der Kurs der Aktien von 119 Mark im Jahre 1872 auf schlappe 14,25 Mark sechs Jahre später. Daß die Passage letztlich doch überlebte, hatte sie vor allem ihrem Standort zu verdanken. Die zunehmende Geschäftigkeit der Friedrichstraße am Ende des 19. bis in das 20. Jahrhundert hinein, und die Nachbarschaft zum Lindenboulevard machten sich bezahlt. Die Kreuzung Friedrichstraße /Unter den Linden war eine der am meisten von Passanten frequentierte in ganz Berlin: An einem »schönen« Tag, dem 13. März 1891, wurden hier innerhalb von 16 Stunden 120.000 Fußgänger gezählt.[68]

1930/31 wurde die Passage nach Plänen Alfred Grenanders umgebaut. Das alte Glasdach, das die drei Stockwerke des Durchgangs überspannt hatte, verschwand, um durch ein neues ersetzt zu werden, das jedoch auf die Höhe des Erdgeschosses gezogen wurde. So überdachte das neusachliche Glasgewölbe nur den ebenerdigen Bereich; die beiden oberen Fassadengeschosse lagen unter freiem Himmel. Im Zweiten Weltkrieg wurde der Komplex durch Bomben zerstört, im Februar 1955 schließlich abgerissen.

Der Verkehr bricht sich Bahn

Mitte des 18. Jahrhunderts hatte das Berliner Stadtgebiet von Ost nach West noch eine durchschnittliche Ausdehnung von vier Kilometern, von Nord nach Süd etwa drei Kilometer – eben die Länge der Friedrichstraße. Wer von einer Stadtgrenze zur anderen wollte, wäre damals demnach zu Fuß maximal eine Stunde unterwegs gewesen. Wohn- und Arbeitsstelle befanden sich noch zumeist auf ein und demselben Grundstück. Doch »... auch das gewerbliche Leben Berlins, sein Handel, seine Fabriken, zeigen einen bedeutenden, rastlos fortschreitenden Betrieb«.

Ab 1800 hatte die bis dahin beschaulich-nachbarliche Friedrichstraße diesen Charakter allmählich verloren. In der Gegend um das Oranienburger Tor waren diverse Maschinenbauanstalten errichtet worden, so die von Egells 1826, der zehn Jahre später die von August Borsig folgte, der sich damit von seinem früheren Kompagnon selbständig machte. Die Borsigsche Maschinenfabrik an der heutigen Ecke Chausseestraße/Torstraße beschäftigte bald mehr als 1.000 Arbeiter und wurde das führende Unternehmen im Bau von Lokomotiven für das sich rasch ausbreitende Eisenbahnnetz.

Die Arbeiter dieser Fabrik wohnten nicht auf dem Werksgelände; Arbeitsstätte und Wohnung lagen nicht mehr zwangsläufig dicht beieinander – der Berufsverkehr

kam in Fahrt. Gleichzeitig nahm auch der Geschäfts- und Personenverkehr zu, nicht zuletzt auf der Friedrichstraße, durch deren Stadttore tagaus und tagein Güter und Menschen rollten. Pferdewagen, Handkarren und Omnibusse, noch von Pferden gezogen, bewegten sich in dichtem Gemenge die Straße auf und ab.

1861 war die Stadtfläche Berlins um 14 Quadratkilometer auf insgesamt 59 angewachsen. Da die gemauerte Zollgrenze ihre Bedeutung allmählich verlor, wurden die beiden Tore an den Enden der Friedrichstraße nach 1865 abgerissen. Teile des Oranienburger Tores wurden übrigens nach Groß-Behnitz geschafft, wo August Borsig

Pferdeomnibus und elektrische Straßenbahn auf der Weidendammer Brücke, 1906.

1866 Besitzungen erworben hatte. Der Fabrikbesitzer schaute so jahrzehntelang auf die von Gontard entworfene Toranlage, vor der er in Berlin seine Maschinenbauanstalt aufgebaut hatte.

Der Verkehr, zu diesem Zeitpunkt bereits mit Pferdestraßenbahnen, konnte nach Abriß der Tore zwar ungehinderter fließen, nahm aber weiterhin stetig zu. In der Friedrichstraße, im Abschnitt »zwischen der Dorotheenstraße und Unter den Linden bewegten sich hin und zurück: Freitag den 15. November 1867« zwischen 7.00 und 20.00 Uhr 3.980 Wagen und 36.710 Fußgänger. Einen Tag später, an einem Sonnabend, nahm der Wagenverkehr im gleichen Zeitraum erheblich zu und stieg auf 5.230, die Anzahl der Passanten fiel auf 35.400.[69]

Die 1846 zugelassenen ersten Omnibusse bewältigten nicht den Stadtverkehr, ihre Linien führten zunächst ausschließlich zu Ausflugszielen außerhalb Berlins. Die Friedrichstraße wurde so alsbald Verbindungsstraße nach außerhalb.

Zunehmend durchquerten die Linien aber auch die Innenstadt. Zwei Pferde zogen die vierrädrigen größeren Kutschen; an eine Schienenspur waren sie nicht gebunden. Das war insofern ihr Handikap, als sich die Straßen nicht in heutigen Verhältnissen vergleichbaren Zuständen befanden und befahren ließen. Mit Gründung der ABOAG, der »Allgemeinen Berliner Omnibus-Actien-Gesellschaft«, im Jahre 1868 sollte vor allem der Verkehr im Stadtgebiet bewältigt werden. Die Friedrichstraße erhielt nun ihre erste durchgehende Omnibuslinie. Der Pferdeomnibus bekam durch Schienentransportmittel schon bald eine starke innerstädtische Konkurrenz, die ihn beinahe zum Aufgeben zwang, hätte sich nicht einer den »Fünf-Pfennige-Teilstrecken-Tarif« einfallen lassen, sprich das »für'n Sechser fahren«.

Karren, Pferdekutschen, Pferdeomnibusse: Blick in die Friedrichstraße um 1870. Am linken Bildrand Borsigs Maschinenbaufabrik.

Damit ließ sich die Konkurrenz auf Schienen aber nicht auf Dauer abhängen. Oberhalb der Weidendammer Brücke und unterhalb der Leipziger Straße verkehrten hauptsächlich Pferde-Straßenbahnen; ihre größeren Wagen konnten wesentlich mehr Fahrgäste transportieren und waren insgesamt leistungsfähiger. Nach der kompletten Elektrifizierung der Straßenbahn bis zum Jahr 1902 galt für den Omnibus: Etwas Neues mußte her, mehr Pferde-Stärken waren erforderlich. Der Verbrennungsmotor kam dem Omnibus gerade recht. Am 19. November 1905 verkehrten die ersten motorbetriebenen Busse in der Friedrichstraße, auf der Linie 4 zwischen Halleschem Tor und Chausseestraße. Der Motoromnibus verdrängte den Pferdeomnibus, und nicht nur das, er wurde »zum tipptoppen Rasenden Roland mit aufgestocktem Oberstiebchen und Rauchsalon«[70], wie Walter Mehring den Doppeldecker beschrieben hat. Omnibus und Straßenbahn waren für die Bewältigung des Zentrumverkehrs unentbehrlich geworden.

Bereits 1864 hatte der Berliner Magistrat Straßendurchbrüche und -verbreiterungen ins Auge gefaßt, um dem erhöhten Verkehrsaufkommen von Pferdewagen, Pferdeomnibussen und Kutschen Herr zu werden. Auch eine Verbreiterung der Friedrichstraße zwischen Dorotheen- und Behrenstraße war geplant, also genau auf der ursprünglichen Länge der zuerst und etwas schmaler angelegten Querstraße der Dorotheenstadt. Der Friedrichstraße wäre damit nur partiell geholfen worden – das innerstädtische Verkehrsproblem ließ sich nicht mehr mit ein paar zusätzlichen Metern Straßenbreite lösen. »Alle Lebensäußerungen einer städtischen Bevökerung, all ihr Thun und Lassen spiegelt sich im Straßenverkehr wider … Vieles, wie die Oeffnung der Arbeitsstätten und Geschäfte, der Schluss der Bureaus und dergl. macht sich auf den Straßen deutlich erkennbar, viele Erscheinungen aber entziehen sich der Deutung«[71], heißt es in »Berlin und seine Bauten« von 1896.

Zur Illustrierung der Dringlichkeit des zu lösenden Problems noch einmal die Zahlen statistischer Erhebungen: Am 13. März und am 15. Dezember 1891 ermittelten Beamte des Königlichen Polizei-Präsidiums an der Ecke Friedrichstraße/Unter den Linden innerhalb von 16 Stunden jeweils über 13.100 Wagen und 120.006 bzw. 125.054 Fußgänger. Mit bereits 18.071 Wagen, und 117.869 Passanten sei noch das Ergebnis vom 25. Mai 1892 hinzugefügt.[72] Die Einwohnerzahl des Berliner Stadtgebiets hatte sich in den letzten 40 Jahren verdoppelt und ging auf die Millionengrenze zu. Das Straßenverkehrsaufkommen hatte sich verdrei- bis vervierfacht. Dem längsten Straßenzug der Stadt war inzwischen eins obenauf gesetzt worden – ein Bahnhof in der Friedrichstraße.

Ein Berliner Mythos: Die Friedrichstraße um die Jahrhundertwende

Handel und Wandel

Nach dem Deutsch-Französischen Krieg wurde Deutschland 1871 zum Kaiserreich, Berlin seine Hauptstadt. Das Deutsche Reich erhielt Reparationszahlungen in Milliardenhöhe – achtzehnhundert Millionen Taler mußte Frankreich als Kriegsentschädigung zahlen. Es herrschte Goldgräberstimmung, Spekulantenfieber im Reich – vor allem in Berlin. »Berlin befand sich damals in einem merkwürdigen Zustand ..., der Rausch, die Verrücktheit zeigte sich vor allem darin, daß jeder mehr oder weniger glaubte, er habe die Milliarden oder doch wenigstens einen erheblichen Teil davon zu bekommen, und das Fieber grassierte am bösartigsten in Berlin. Die Aktiengesellschaften schossen wie Pilze aus der Erde ... Aus ganz Deutschland begann der Zuzug der Bevölkerung, die Verlegung ganzer Industrien nach Berlin.«[73]

Es wurde spekuliert und investiert, Gesellschaften wurden gegründet. Berlin wurde die wichtigste Handels-, Bank- und Börsenstadt des Reiches. Die »Gründerzeit« begann.

Die Auswirkungen bekamen besonders die großen Straßen der Innenstadt zu spüren, die Leipziger Straße, Unter den Linden, die Friedrichstraße. Es wurde gebaut, und zwar im großen Stil – mitunter bombastisch, in jedem Falle »kolossal«. Vor allem im letzten Jahrzehnt des 19. Jahrhunderts schossen die Prachtbauten an den Berliner Boulevards in die Höhe, an Marmor, Sandstein und Stuck wurde nicht gespart. Auch in der Friedrichstraße nicht.

Prachtbauten und Geschäftshäuser

Einer der wenigen erhaltenen Altbauten vom Ende des 19. Jahrhunderts steht in der Friedrichstraße 17, erbaut von einem Kaufmann namens Gutschow. Im Jahre 1895 vermerkt das Berliner Adreßbuch für Gutschows Mietshaus außer dem Eigentümer fünf weitere Mietparteien: einen Wächter, einen Sattler, einen Kellermeister, eine Krankenwärterin und die Waschanstalt Alberty. Die Gutschows waren erstmals 1846 im Adreßbuch vertreten, unter der Anschrift Friedrichstraße 2. Von dort zog F. Gutschow 1852 in die Nummer 241. Seine Berufsbezeichnung: Vorkosthändler. 1859 wechselte A. Gutschow, der die Firma nun leitete, in die Friedrichstraße 17 und erwarb auch das Haus. 1891 wurde ein gegenüberliegendes Gebäude hinzugekauft. Dem Abriß des dreigeschossigen Hauses Nr. 17 folgte 1896/97 der großzügige Neubau, der heute noch zu sehen ist. Das Branchenverzeichnis von 1897 vermerkt: »Mehl, Getreide, Hülsenfrüchte, Dörrobst Engr., SW Friedrichstraße 17, A. Gutschow, Inh. Herm. Gutschow.« Im Adreßverzeichnis waren nun neben dem Eigentümer noch folgende Mieter aufgeführt: »Ballien – Rechtsanwalt; Bruhl – Kaufmann; Frühoff – Portier; Goebel – Zigarrengeschäft; Gutschow, A. – Vorkosthdl.; Lewin – Kaufmann; Liebermann – Konditorei; Nathanblut – Commiss. Gesch.; Schröder – Zahnkünstler.«[74] Stolz und selbstbewußt kündet am Balkon in der Beletage der Schriftzug »A. Gutschow« von seinem einstigen Besitzer.

In der Friedrichstraße 153 a / Ecke Mittelstraße errichtete der Architekt Alfred Breslauer für die Apothekerfamilie Schacht – eben den Apotheker Schacht, bei dem Fontane als zweiter Rezeptar gearbeitet hatte – einen mächtigen Neubau, in dem jahrzehntelang Schachts »Polnische Apotheke« ansässig war. Der Baumeister überzeugte seinen Auftraggeber von einer Außengestaltung, die von Alfred Messels Fassade des Kaufhauses Wertheim in der Leipziger Straße inspiriert war – ein Entwurf, der den Stil der Berliner Geschäftshäuser in den nachfolgenden Jahren nachhaltig prägte. Das 1898-1900 gebaute Haus der Schachts wies in luftiger Höhe ein Reliefbild der Kurfürstin Dorothea auf, das nach dem Zweiten Weltkrieg beseitigt worden ist. Den zu DDR-Zeiten abgehängten Schriftzug »Polnische Apotheke« samt einem bronzenen Adler kann man heute wieder an dem Eckhaus betrachten, wie auch ein Relief mit dem Profil der Kurfürstin.

Ein 1898/99 in der Friedrichstraße 166 ausgeführter Geschäftshausbau fällt zunächst durch seine rötliche Fassade auf. Im dritten und vierten Geschoß hebt sich mittig wirkungsvoll ein Erker aus der venezianischen Palästen nachempfundenen Fassade hervor. Gleich neben diesem Gebäude steht ein weiterer Prachtbau, entworfen von Bruno Schmitz. Er errichtete an der Friedrichstraße das Geschäftshaus »Automat«. Wie Breslauer nutzte auch Schmitz den am Kaufhaus Wertheim orientierten »Gerüststil« für seine Fassade, aus der sich drei vierachsige Fenstersegmente hervorwölben.

Jugendstilarchitektur war zu Beginn des 20. Jahrhunderts in der Friedrichstraße 182 zu sehen. Gustav Lanzendorf entwarf hier das »Salamander-Haus« und setzte dabei die beiden unteren Geschäftsetagen von den drei oberen Geschossen ab. Wie in Nummer 166 trat ein Erker im dritten und vierten Stock aus der Fassade, wie die Dachfläche mit Kupfer abgedeckt. In Kontrast dazu stand die Fassadenverkleidung aus heller Bronze, blaugrünem Labrador und Glasmosaik. An der Traufe spannte sich ein Bogen mit dem Schriftzug »Salamander«, flankiert von zwei Obelisken. Die Geschäftsräume des Schuhladens gestaltete jener August Endell, dessen Fassade der Hackeschen Höfe heute viele Bewunderer findet.

Nur vier Hausnummern weiter, in der Friedrichstraße 186, versuchte sich ein Konkurrent mit der Neugestaltung seines Ladenlokals zu behaupten: der »Laden der Rhoduscentrale«, ein Schuhgeschäft, bekam eine auffallende Ladenfront, die aber die Fassade von Salamander nicht auszustechen vermochte. An der repräsentativ gestalteten Ecke Friedrich-/Taubenstraße baute das »Waarenhaus Mey & Edlich«, das Anfang des 20. Jahrhunderts von »Thiery & Siegrand Herrenmoden« übernommen wurde. In der Leipziger Straße und ihrer nahen Umgebung konzentrierten sich, wie auch am Hausvogteiplatz, Unternehmen der Konfektionsbranche. An der Friedrichstraße 50-51/Schützenstraße 77 ließ der Konfektionär

Herbert Hoffmann die Architekten Cremer & Wolffenstein 1898/99 einen fünfgeschossigen Mauerwerkbau, mit hellem schlesischen Sandstein verkleidet, errichten. Das Geschäft lag zur Friedrichstraße, mit Verkaufsräumen nicht nur im Erd- und im ersten Obergeschoß, sondern auch im Keller. Die Architekten ließen Schaufenster bis hinunter in das Souterrain ein. Über den Konfektionsetagen befand sich das Hotel »Britannia«.

Im Eckhaus Friedrichstraße 58/Leipziger Straße schuf Robert Leibnitz 1908 ein Kaufhaus mit großen Fensterfronten – für Moritz Mädler, heißt es bis heute fälschli-

Kolossale Prachtbauten: das Haus der Versicherungsgesellschaft Equitable, 1899.

cherweise. Moritz Mädler war mit seiner Kofferhandlung nur einer der vielen Mieter, die im Hause der »verwitweten Hauptmann Clausius« firmierten, nachdem der Neubau bezogen werden konnte. Noch vor dem Ersten Weltkrieg ging der Besitz an die neue Eigentümerin, Reichsgräfin von Moltke über, dann an die Westend Grundstücksgesellschaft. Aber da gab es Koffer-Mädler schon nicht mehr im Haus an der Friedrichstraße.

Versicherungen

Gut zwanzig Jahre nach Gründung des Reiches war die westliche Altstadt mit den Straßen Unter den Linden, Leipziger- und Friedrichstraße zum Herz der Metropole geworden. Berlin als Hauptstadt, die allgemeine Aufbruchsstimmung der »Gründerjahre« zog viele Unterneh-

men an, die sich herrschaftliche Bauten mit prunkvollen Fassaden errichteten. Die Friedrichstraße gewann zunehmend den Charakter einer Geschäftsstraße, deren Attraktivität immer mehr Investoren anlockte.

Auch eine große Anzahl von Versicherungsgesellschaften aus dem In- und Ausland wurde in der Metropole ansässig, und diese konzentrierten sich vor allem in und um die Friedrichstraße. 1875 befanden sich hier unter anderem die Geschäftslokale der »Berlin-Kölnischen Feuerversicherungs-Actiengesellschaft«, der »Friedrich Wilhelm, Preußische Lebens- und Garantie Versicherungs-Actiengesellschaft«, ausländische Unternehmen wie die »London & Larenshire five Insurance Company in Liverpool« oder die »Liverpool u. London u. Globe Versicherungs-Gesellschaft für Feuer«. In der Friedrichstraße 191 war gut zwei Jahrzehnte lang die »Deutsche Feuerversi-

Friedrichstraße/Ecke Leipziger Straße um 1900.
An dieser Stelle befindet sich heute der Neubau des Gesamtverbandes der Deutschen Versicherungswirtschaft e.V.

cherungs-Actiengesellschaft« ansässig. In dem Gebäude ist heute der Gesamtverband der Deutschen Versicherungswirtschaft e.V. zu finden. Die »Equitable Lebens-Versicherungs-Gesellschaft der Vereinigten Staaten, New York« kaufte das gesamte nordöstliche Eckgrundstück Friedrichstraße/Leipziger Straße und ließ sich dort 1888 einen Neubau errichten. Die imposante neue Architektur des Gebäudes – sie beherrschte zunächst konkurrenzlos die Straßenecke – ist auf vielen zeitgenössischen Fotografien abgebildet.

Im südlichen Bereich der Friedrichstraße waren mehrere Vieh-Versicherungen registriert, so der »Central-Vieh-Versicherungsverein« oder die »Union, gegenseitige Vieh-Versicherungs-Gesellschaft zu Berlin«. Die Branche war schlagartig erblüht: Mit der Industrialisierung hatte eine Epoche begonnen, in der sich die Entwicklungen überstürzten. Gleichzeitig wurde die Nation vom Zusammenbrechen der alten Ordnung erschüttert; mit ihr schwand das Gefühl der Sicherheit und ließ die Menschen Ausschau halten nach neuen Formen der Absicherung gegen die Wechselfälle des Lebens. Aber auch die Bismarckschen Sozialgesetze taten das ihre: neben den Grundsteinen zur deutschen Sozialversicherung entwickelte sich die Individualversicherung mit spezialisiertesten Inhalten. 1928 unterteilte das Berliner Adreßbuch Versicherungsgesellschaften nach sage und schreibe 44 Sparten, von Versicherungen »gegen Aufruhr« über solche gegen »Wasserleitungsschäden« bis zu Spezialisierungen wie Edelpferde- oder Musterkofferversicherungen.

Besonderes Augenmerk legten die Investoren aus der Versicherungsbranche nicht nur auf die Lage im Zentrum, sondern auch auf renommierte Architekten, die ihre Repräsentationsansprüche zu verwirklichen wußten. In der Friedrichstraße 78, an der Ecke zur Französischen Straße gelegen, ließ die »Germania Versicherung« ein neues Wohn- und Geschäftshaus von den Architekten Kayser & Großheim ausführen. In der Friedrichstraße wurde es immer schwerer, dem Bedarf entsprechend größere Grundstücksareale zu kaufen. So verlegten sich die Bauherren auch auf die Nebenstraßen. Westlich der Friedrich- bis zur Mauerstraße, begrenzt durch Mohren- und Taubenstraße, dominieren heute noch die damals errichteten Gebäudekomplexe der Allianz-Versicherung.

Die Allianz weitete sich entlang der Mohrenstraße aus: Von der Ecke Friedrichstraße über die heutige Glinka- bis zur Mauerstraße beherrschte sie in der Mohrenstraße 51–64 einen ganzen Straßenabschnitt.

Im Berliner Adreßbuch von 1893 ist vermerkt, daß die »Basler Versicherungs-Gesellschaft gegen Feuerschaden« und die »Basler Transport Versicherungs-Gesellschaft« ab 1. April unter der neuen Adresse Friedrichstraße 31 residierten. Die Fassade des Gebäudes zierte direkt über dem Eingang ein drachenartiges Tier mit dem Wappen von Basel, in der Torvdurchfahrt ließ die Versicherung eine Stadtansicht von Basel und ein Alpenmotiv als Wandbilder auf Putz malen als Reminiszenz an die Heimat.

Beide Bilder sind bis heute erhalten. In der Friedrichstraße 59–60 / Ecke Kronenstraße, siedelte sich die »Thuringia, Feuer-, Lebens- und Transportversicherungs-Gesellschaft« an, in der Nr. 191 die »Deutsche Feuerversicherungs-Actiengesellschaft«, die »Deutsche Militärdienst-Versicherungs-Anstalt Hannover« in der Friedrichstraße 95 nahe dem Bahnhof, oberhalb der Weidendammer Brücke die »Agrippina – Transport-Versicherungs-Gesellschaft«, in Nr. 101 die »Preußische Hypotheken Versicherungs-Actien-Gesellschaft«: Namen großer und kleiner Unternehmen, die teilhaben wollten am wirtschaftlichen und kulturellen Aufstieg der Stadt.

Ullstein, Mosse, Scherl – Das Zeitungsviertel

Während in der Friedrichstraße und in der Behrenstraße vor allem Versicherungen und Banken das Bild prägten, entstand um die Jahrhundertwende in der südlichen Friedrichstadt das sogenannte Zeitungsviertel. Im ausgehenden 19. Jahrhundert wurden, nachdem eine Reihe steuerlicher Belastungen aufgehoben worden waren, viele neue Tageszeitungen und Wochenblätter gegründet. Nach Angabe des »Handbuchs der Presse der Reichshauptstadt 1895«[75] kamen zur Jahrhundertwende in Berlin täglich 36 politische Zeitungen heraus. Eine wesentliche Rolle bei der Entstehung des Zeitungsviertels spielten die bereits seit Jahrzehnten ansässigen Druckereien, als eine der größten und leistungsfähigsten W. Büxenstein in der Zimmerstraße. Zudem hatte die wichtigste deutsche Nachrichtenquelle, das Wolffsche Telegraphenbüro, ihren Sitz in der Charlottenstraße. Von hier aus hielt sie Kontakt zu Korrespondenten und eigenen großen Agenturen in der ganzen Welt. Auch kleinere Nachrichtenbüros, Bildredaktionen, Druckereien und Verlage unterhielten in der Gegend um die Jerusalemer-, Koch- und Zimmerstraße ihre Geschäftsräume.

Rudolf Mosse, der Vater der Sensationspresse, gab hier zweimal täglich das »Berliner Tageblatt« heraus, das auf dem Wege Berlins zur Weltstadt »... ein vertrauter Begleiter, ein Ratgeber und Mitstrebender« sein sollte. Mit eigener Großdruckerei war ein regelrechter »Zeitungspalast« entstanden. In unmittelbarer Nachbarschaft befand sich der Scherl-Verlag mit seinem »Berliner Lokal-Anzeiger«. August Scherls Stadtreporter jagten jedem und allem nach, was in Berlin geschah. Eine Schar von Zeitungsjungen lieferten für einen Groschen Botenlohn in der Woche die Zeitungen direkt ins Haus, treppauf, treppab. Der Versuch, das »Berliner Tageblatt« über die Jahre der nationalsozialistischen Diktatur zu retten, scheiterte. Nach dem Tod Mosses und aufgrund der wirtschaftlichen Situation des Reiches mußte der Verlag 1932 schließlich Konkurs anmelden.

Der dritte große Zeitungsverleger Leopold Ullstein bezog 1880 das spätere Stammhaus der Ullsteindynastie

in der Kochstraße. Das größte und modernste Zeitungsunternehmen Berlins galt als eigentlicher Repräsentant des Zeitungsviertels. Neben der »Berliner Zeitung« und der »Berliner Morgenpost« erschien hier die »schnellste Zeitung der Welt«: die »B.Z. am Mittag«. Nicht mehr ausgetragen, sondern von fliegenden Händlern verkauft, brachte sie den Zeitungsstraßenhandel erst so richtig in Schwung. In den drei großen Zeitungsverlagen Mosse, Ullstein und Scherl liefen die Nachrichten über das Weltgeschehen zusammen, von hier aus wurde ganz Berlin mit Neuigkeiten überschwemmt.

Rote Fahnen

Als Berlin Ende 1918 vom Generalstreik erfaßt wurde, der Kaiser abgedankt hatte und Karl Liebknecht die sozialistische Republik ausrief, zogen am Abend des 9. November die Menschen eingehakt und in breiten Reihen auch die Friedrich- und die Chausseestraße hinunter. Widerstand trat ihnen kaum entgegen. Die zentrale Lage und die Nähe zum Zeitungsviertel mit seinen Druckereien mögen die Gründe gewesen sein, warum das Zentralsekretariat des Spartakusbundes am 18. November in die leerstehenden Räume der ausgewiesenen sowjetischen Nachrichtenagentur ROSTA, der Vorläuferin der TASS, in die Friedrichstraße 217 zwischen Koch- und Puttkamerstraße zog. Von hier aus begann man die Arbeit in Berlin und Umgebung zu organisieren. Im Laufe des Dezembers nahmen die Spannungen zu. Am 24. des Monats, der ersten Friedensweihnacht nach vier Jahren Krieg, verteidigte eine Matrosendivision Schloß und Marstall mit Maschinengewehren und Granatwerfern. Bei dem zweistündigen Kampf gab es Tote und Verletzte. Und während all dieser blutigen Ereignisse war unbekümmert der Weihnachtsmarkt in der nahen Umgebung im Gang. Leierkästen dudelten in der Friedrichstraße, Straßenverkäufer boten Salonfeuerwerk, Lebkuchen und Lametta an.

Mitte Januar 1919 wurde das Zentralbüro der KPD in der Friedrichstraße besetzt und demoliert. Die Zeitung der KPD, die »Rote Fahne«, war äußerst bescheiden in gemieteten Räumen in einem der Hinterhöfe der südlichen Friedrichstraße untergebracht, wo es für die gesamte Redaktion ein einziges Schreibzimmer mit zwei, drei Steno-

Revolutionäre Matrosen im November 1918 vor dem Café Central-Hotel.

typistinnen gab – schlechte Voraussetzungen, um gegen die großen Zeitungskonzerne von Ullstein, Mosse und Scherl nebenan anzutreten.

Am 13. Januar brach der Generalstreik zusammen, über Berlin wurde der Belagerungszustand verhängt. Das Leben der Großstadt nahm seinen Gang, während vereinzelt noch gekämpft wurde. »Neben Maschinengewehrfeuer tönten in den dunklen Straßen der Friedrichstadt aus Bars und Kabaretts die neuesten Schlager der Saison – die ›Peruanerin‹ oder der Walzer aus dem ›Schwarzwaldmädel‹. In den Lokalen, den Bars saßen die Schieber mit ihren Strichmädchen, und knallige Plakate an den Mauern lockten mit provokanten Veranstaltungen: ›Wer hat die schönsten Beine von Berlin‹ und dem ›Caviar-Mäuschen-Ball‹.«[76]

Der Bahnhof Friedrichstraße

Neue Gebäude schossen in die Höhe, der Verkehr nahm rapide zu. Angesichts des anwachsenden innerstädtischen Aufkommens von Karren, Kutschen, Omnibussen und Straßenbahnen einzig und allein auf Straßenverbreiterungen zu setzen, erschien dem Architekten August Orth verfehlt. »Die Verknüpfung der neuen Hauptverkehrsadern mit dem localen Verkehr wird eine der Hauptaufgaben der modernen Städtebildung sein«[77], schrieb Orth 1875. Eine »Berliner Centralbahn« sollte durch die Stadt führen und auf Schienen die Verkehrsströme innerhalb Berlins mit dem Verkehr nach außerhalb verbinden. Die von Orth avisierte »Eisenstraße« für den Lokalverkehr sollte »eine große Centralstation mit zahlreichen Stellen« sein und gleichzeitig parallel dazu die Eisenbahnlinien in

Stadt- und Eisenbahn über die Friedrichstraße: Bahnsteig um 1918.

die Stadt hinein- und hinausführen, der Fernverkehr auf mehrere Stationen im gesamten Stadtgebiet verteilt werden, um einen Zentralbahnhof überflüssig zu machen. Mit Blick auf die zu erwartende weitere flächenmäßige Ausdehnung der Stadt galt es, die Ankommenden und Abfahrenden nicht an einem zentralen Punkt zu konzentrieren.

Der Berliner Autor Georg Brandes schrieb am 8. Februar 1882: »In diesen Tagen wurde in Berlin eine großartige architektonische Anlage und ein gewaltiges Verkehrsmittel eingeweiht, was Berlins ganzen Charakter verändert und ihm endgültig das Gepräge einer Weltstadt verleiht. Paris besitzt so etwas nicht … Mit der Stadtbahn werden zwei Absichten verfolgt: Zum einen soll zwi-

schen den in östlicher und westlicher Richtung verlaufenden großen Bahnlinien eine direkte Verbindung geschaffen werden, zum anderen soll sie dem lokalen Verkehr dienen.«[78]

Die Stadtbahn hatte weitaus mehr Stationen als die Fernbahn, und einige Haltepunkte dienten dem innerstädtischen wie dem Fernverkehr: die Bahnhöfe »Charlottenburg«, »Zoologischer Garten« (ab 1884), »Alexanderplatz« und »Schlesischer Bahnhof« (heute Ostbahnhof) und auch der »Bahnhof Friedrichstraße«.

Der geplante Bahnverlauf sah ursprünglich eine ziemlich gerade Strecke vor, beginnend am Schlesischen Bahnhof, dem dadurch vom Kopf- zum Durchgangsbahnhof umfunktionierten heutigen Ostbahnhof. Über den Spit-

»Hier passiert man nicht eine Durchgangsstation, sondern weilt in der Mitte des Lebens«.

telmarkt sollte mit der Leipziger Straße eine der wichtigsten ost-west-gerichteten Verkehrs- und Geschäftsstraßen berührt werden, um deren Bedeutung zu steigern. Dabei wäre die Friedrichstraße in jedem Fall gekreuzt worden. Die Fortführung über den Potsdamer Platz, am Tiergarten entlang nach Westen hätte summa summarum ein Fünftel weniger Länge der neuen Trasse ergeben als die schließlich realisierte Strecke. Die Kosten für den Grunderwerb und den Abriß von Wohn- und Geschäftshäusern entlang dieser projektierten Strecke waren jedoch zu hoch, und es wurde befürchtet, daß sich die Bahn als zu laut und somit wertmindernd für das Umfeld der Leipziger Straße erweisen würde. So wurde statt dessen der barocke Festungsgraben zwischen Jannowitzbrücke und Museumsinsel zugeschüttet und die Bahntrasse dorthin verlegt. Sie führte geradewegs bis zur Friedrichstraße, da im Bereich Georgenstraße die Fortführung am günstigsten schien. Das gegenüberliegende Gelände lag zu weiten Teilen brach, der dortige Zirkus konnte leicht abgerissen werden – einem imposanten Bahnhof in der Friedrichstraße stand somit nichts im Wege.

»Es gibt kaum einen zweiten Bahnhof der Welt«, so Emil Dominik in seiner »Fahrt auf der Berliner Stadt- und Ringbahn« von 1883, »der seiner ganzen Lage und Bestimmung nach dazu ausersehen ist, ein zahlreicheres und destinguierteres Publikum aufzunehmen, wie gerade dieser Bahnhof. Der Bahnhof Friedrichstraße – schreibt die Zeitung des Vereins deutscher Eisenbahn-Verwaltungen – muß als die Inkarnation aller deutschen, aller auswärtigen Bahnhöfe angesehen werden; er ist ein Bahnhof des internationalen Verkehrs, in dem sich die Träger von Macht, Reichthum und Intelligenz auf ihren Reisen nach Paris, London, St. Petersburg, Wien und darüber hinaus, nach New York und allen Gegenden der Erde täglich und nothgedrungen Rendevous geben, in dem man in ununterbrochener Reihe allen Nationalitäten, allen Sprachen und Gebräuchen begegnet, und in dem sich für den aufmerksamen Beobachter ein ethnographisches Schauspiel abspielt, wie es drastischer kaum gedacht werden kann.«

Der neue Fernbahnhof machte die Friedrichstraße quasi auf einen Schlag über Berlins Grenzen hinaus bekannt. Bis dato hatten alle Fernzüge in Kopf- oder Sack-

bahnhöfen an der Peripherie der Stadt geendet. Nun aber fauchten die Eisenbahnen mitten durch Berlin!

»Wenn man in der Friedrichstraße in der Richtung auf den Bahnhof zugeht, sieht man oft eine mächtige D-Zuglokomotive in der Höhe halten. Sie steht genau oberhalb der Straßenmitte und gehört zu irgendeinem Fernzug, der aus dem Westen kommt oder nach dem Osten fährt. ... Niemand blickt zu ihr hin. Cafés, Schaufensterauslagen, Frauen, Automatenbüffets, Schlagzeilen, Lichtreklamen, Schupos, Omnibusse, Varietéphotos, Bettler – alle diese Eindrücke zu ebener Erde beschlagnahmen den Passanten viel zu sehr, als daß er die Erscheinung am Horizont richtig zu fassen vermöchte. ... Welch ein Schauspiel aber bietet die Friedrichstraße selber dem Mann auf der Lokomotive! ... Noch dröhnt die freie Strecke in ihm nach ... Signale, Bahnwärterhäuschen, Wälder, Ackerflächen ... Nach einer Fahrt, auf der außer Erde und Himmel alle Dinge vor ihm flohen, hält er plötzlich über der Friedrichstraße, die ihrerseits Himmel und Erde verdrängt. Sie muß ihm als die Weltachse erscheinen, die sich schnurgerad und unermeßlich nach beiden Seiten hin dehnt. Hier passiert man nicht eine Durchgangsstation, sondern weilt in der Mitte des Lebens.«[79]

Von Luxushotels und Dampfbädern

»Auf dem Friedrichstraßen-Bahnhofe war ein Gedränge; aber trotzdem, Effi hatte schon vom Coupé aus die Mama erkannt und neben ihr den Vetter Briest. Die Freude des Wiedersehens war groß, das Warten in der Gepäckhalle stellte die Geduld auf keine allzu harte Probe, und nach wenig mehr als fünf Minuten rollte die Droschke neben dem Pferdebahngleise hin, in die Dorotheenstraße hinein und auf die Schadowstraße zu, an deren nächstgelegener Ecke sich die ›Pension‹ befand.«[80]

Theodor Fontane ließ seine Romanfiguren gern am Bahnhof Friedrichstraße aussteigen, einem Ort der Ankunft in Berlin. »Sonnabend früh mit dem Acht-Uhr-Zuge kam Tilde auf dem Friedrichstraßenbahnhof an. Den kleinen Handkoffer, den sie mit sich führte, gab sie dem Gepäckträger zugleich mit ihrem Gepäckschein und wies ihn an, ihr alles in die Wohnung zu schaffen, drüben

Große und kleine Hotels dicht an dicht im »Hotel- und Tingeltangel-Stadtteil«: Blick in die Friedrich-straße 1903.

zu Schultzes, drei Treppen.«[81] Mathilde Möhring, die Titelheldin aus Fontanes unvollendetem Roman, wohnte mit ihrer Mutter »Georgenstraße 19, dicht an der Friedrichstraße«, im Haus des Rechnungsrates Schultze. Bei dieser Adresse mogelte Fontane. Als er den Roman 1891 begann, gab es die Hausnummer nicht mehr – hier lag der Vorplatz des Bahnhofs Friedrichstraße, ein dreieckiges Gebilde, auf dem Droschken und später Auto-Taxen auf die Reisenden warteten.

Der Bahnhof wurde zum Lebenselixier für die Friedrichstraße schlechthin. Wer die Stadt besuchen kam, lief nicht mehr nur in den Anhalter, Lehrter, Potsdamer, Stettiner oder Schlesischen Bahnhof ein, sondern konnte direkt in die Friedrichstraße fahren.

Berlin erlebte am Ende des 19. Jahrhunderts die Anfänge eines ersten heftigen »Fremdenverkehrs«. Touristen strömten in Scharen herbei. »Berlin gehört den Fremden, nicht ganz Berlin, aber doch die Friedrichstadt«, schrieb Alfred Kerr 1895. »Dort kommen sie meistens an, dort wohnen sie, dort finden sie die Hauptrestaurants, die Hauptvergnügungstempel – und wenn sie die Friedrichstraße, die Linden und die Leipziger Straße ein halbes Dutzend mal auf und ab gewandelt sind, bilden sie sich ein, Berlin zu kennen. Natürlich liegt Berlin ganz woanders als in diesem Hotel- und Tingeltangel-Stadtteil. Ich selbst mußte den Fremdenführer machen, für einen lebemännischen, vollblütigen und etwas renommistischen Slawen, der zum zehnten oder zwölften Mal hier war und – wie das Gros der Kultur-Menschheit augenblicklich – aus Ostende kam. Wir waren abends in dem Zoologischen Garten (...) wir waren fünfmal im Café Bauer, wo gegenwärtig nur polnisch und amerikanisch gesprochen wird ..., wir speisten nachts im English buffet in der Passage, von wo aus er gelegentlich beim zweiten Glas Ale ein Gratisschauspiel hatte: ein Fräulein, das unten in der Passage lustwandelte, bekam von einem Jüngling Hiebe, ein Taschendieb wurde verhaftet, da man ihn beim Arbeiten betraf, zwei Araber, ein alter und ein junger, gingen im weißen Wüstengewand spazieren und riefen zuweilen Salem aleikum oder etwas Ähnliches, und einem jungen Börsenherrn wurde der Zylinder eingeschlagen. Mein Slawe war seelenvergnügt, als er sich so mitten in der dicksten Weltkultur drinfühlte ...«[82]

In dem 1905 erschienenen Werk »Berlin und die Berliner« mit dem denkwürdigen Untertitel »Leute. Dinge. Sitten. Winke.« hieß es: »Dorotheenstadt und Friedrichstadt. Das Reich der Linden und der Friedrichstraße. Fremdenviertel. Hier ist Berlin Hotelstadt. Vielleicht mehr Hotel als Stadt? ›Es ist alles da.‹ Quartiere für Fremde, Geschäfte für Fremde, Vergnügen für Fremde.«[83]

Die Stadt schien mit Magnetwirkung Menschen anzuziehen – »Provinzler« aus allen Regionen des Reiches, die einmal nur die Großstadt erleben wollten; Geschäftsreisende, Wissenschaftler, Offiziere und Landjunker, die ein Geschäft abzuwickeln hatten oder den Kitzel des Abenteuers suchten; ausländische Besucher aus ganz Europa. »Waren früher Russen, Engländer, Italiener, Amerikaner usw. nur vereinzelt Gäste in Berlin gewesen, so traten sie jetzt in wachsender Zahl auf ... Sicherlich ist es nicht zu hoch gegriffen, wenn wir die Zahl der jetzt jährlich die Hauptstadt besuchenden Fremden auf beinahe eine Million schätzen.«[84]

All diese Menschen wollten untergebracht und beköstigt werden – die Hotelbranche boomte. Das Angebot im Umkreis der Berliner Fernbahnhöfe, insbesondere des Potsdamer Bahnhofs und des Bahnhofs Friedrichstraße, war fast unüberschaubar. Große und kleine Hotels, Luxus und Nüchternheit, Eleganz und Schlichtheit – alles nur eine Frage des Portemonnaies.

Die unstreitbare Nummer Eins blieb bis zur Vernichtung im Zweiten Weltkrieg das »Central-Hotel«. Die Unter den Linden 23 ansässige Eisenbahn-Hotel-Gesellschaft kaufte im Süden des zukünftigen Friedrichstraßen-Bahnhofes die Grundstücke Friedrichstraße 143–149 sowie angrenzende in der Georgen- und Dorotheenstraße, ließ das gesamte Quartier abreißen und von 1878–80 ein neues viergeschossiges Nobelhotel bauen – in unmittelbarer Nähe des 1882 eröffneten Bahnhofs Friedrichstraße thronte es mächtig zwischen Georgen- und Dorotheenstraße. In drei Etagen des »Central« gruppierten sich um einen Innenhof 400 Zimmer mit 500 Betten.

Das »Central« war eines der mondänsten Hotels Europas. Über den Service heißt es in »Deutsche Kaiserstadt Berlin« von Ernst Friedel: »Eine Central-Dampfheizung erwärmt sämtliche Räume des Hauses, die auf das Beste ventilirt sind. Badezimmer und elegante Toilettenräume sind in reichlicher Weise angelegt. (...) Das Erdgeschoß enthält an den drei Fronten ca. 30 Läden, ein Post- und Telegraphenbureau ... Helle und luftige Eintrittshallen und Durchfahrten führen auf den Centralhof, welcher 29 m breit und 20 m tief ist, und um den sich die besten Zimmer gruppiren, vor allem die drei großen reich dekorirten Fest- und Speisesäle (...) Vorsäle, Damensäle, Lesesalons und Vorflure mit Garderoben und Toiletten schließen sich den Hauptsälen an.«[85] Im Erdgeschoß konnten zu den Straßen hin die durchnumerierten Läden 2–29 gemietet werden. Neben dem kleineren offenen Lichthof lag an der Westseite des Hotels ein glasüberdachter Wintergarten von imposanten 75 Metern Länge, 23 Metern Breite und 17 Metern Höhe, der – 2.000 Personen bequem aufnehmend – zu täglichen Konzerten einlud; nach einem Umbau beherbergte er das berühmte »Wintergarten-Varieté«.

Als das Hotel 1880 eröffnete, zählte die Stadt 1.122.330 Einwohner. Über zehn Jahre nach dem Aufstieg Berlins zur Hauptstadt des Deutschen Reiches trugen auch die unzähligen neuen Hotels diesem Status Rechnung. Die Zahl der polizeilich gemeldeten Fremden betrug 1885 immerhin schon 355.000; die dabei nicht Erfaßten hinzugerechnet, belaufen sich die Schätzungen wenigstens auf ein Vierfaches. Dem Bahnhofsbau Friedrichstraße geschuldet, boomte die Hotelbranche im gesamten Umfeld. Die großen Hotels waren nicht nur Beherbergungsstätten, sondern auch Treffpunkte für Kaffeekränzchen oder Herrenabende und hatten Restaurants für gehobene Ansprüche.

In der Friedrichstraße 100, dicht am Bahnhof, lag das »Monopol-Hotel«, ein »Privat Hotel ersten Ranges«, das über ein hervorragendes Weinrestaurant mit »musikalischer Unterhaltung« verfügte. Das »Monopol«, erbaut auf einem Grundstück, das zuvor dem stadtbekannten Bankier Bleichröder gehört hatte, war ein neunachsiger, zwei-

Der Wintergarten des Central-Hotels nach der Eröffnung 1880. Hier residierte nach der Jahrhundertwende das Wintergarten-Varieté.

geschossiger Bau aus dem 18. Jahrhundert, dem ein kleines Mezzanin aufgesetzt war, das über dem aus der Fassade tretenden Risalit vier lebensgroße Figuren zeigte. Doch die Zeit für solche Bauten war abgelaufen, die sich zur City wandelnde Mitte forderte neue Gebäudenutzungen. Der Architekt Ludwig Heim erwarb übrigens das Gelände, ließ es baufeldfrei machen und errichtete das »Monopol-Hotel«.

Gleich neben der Stadtbahn empfing das »Hotel Merkur« in der Friedrichstraße 99 seine Gäste. In der Friedrichstraße 101 befand sich seit 1888 das fünfachsige Gebäude des »Terminus-Hotels«, mußte aber schon 1911 dem Neubau des Admiral-Palastes weichen. Linkerhand, in Nr. 103, war das »Savoy-Hotel«. Gleich hinter der Weidendammer Brücke, an der Ecke zum Schiff bauerdamm, konnte man im »New-York-Hotel« absteigen oder auf der gegenüberliegenden Seite in Nr. 105, im »Hotel Atlas«.

Auf der Südseite der Stadtbahnbögen setzte sich die Kette fort mit dem »Hotel National« (Friedrichstraße 97) und dem »Silesia« (Nr. 96), an der Ecke Dorotheenstraße mit dem »Rheinischen Hof«. Der »Rheinische Hof« nahm lange Zeit den Spitzenplatz in Sachen Größe und Bettenzahl ein, bis ihm das »Central-Hotel« den Rang ablief.

An der belebten Ecke Friedrichstraße/Unter den Linden lagen das »Hotel Bauer« und das »Hotel Victoria«, ihnen war jeweils ein gleichnamiges Café angegliedert, deren mondäne Räumlichkeiten sich über die beiden ersten Stockwerke erstreckten. Das »Kaiser-Hotel« – nicht zu verwechseln mit dem »Kaiserhof« – stand ebenfalls an der Friedrichstraße / Ecke Jägerstraße. 1895 wurden sowohl das »Kaiser-Hotel«, als auch ein »Kaiser-Café« dort eröffnet. Das benachbarte Grundstück erwarb der Betreiber später dazu und setzte 1899 an die Stelle des alten ein neues Gebäude und weitete sein gastronomisches Ange-

Friedrichstraße bei Nacht: das Kaiser-Hotel an der Ecke Jägerstraße 1938.

bot aus. An der nächsten Straßenecke zur Taubenstraße residierte im Gebäudekomplex der fränkischen Tucher-Brauerei das Hotel »Nürnberger Hof«. an der Ecke Kronen-/Friedrichstraße das Hotel »Stadt Braunschweig«. Im Neubau des Konfektionärs Hoffmann an der Krausenstraße folgte auf den »Bayrischen Hof« das Hotel »Britannia«.

Im Süden der Friedrichstraße, in Richtung Hallesches Tor und Belle-Alliance-Platz, waren kaum noch Hotels auszumachen – zu weit entfernt lag dieser Teil der Straße von den pulsierenden Abschnitten der Magistrale. Je weiter entfernt vom Bahnhof Friedrichstraße, desto günstiger waren sich die Übernachtungspreise. Hotels »zweiten Ranges« waren vielfach durchaus noch von gehobenem Service, »einfache« Hotels und Pensionen empfingen ihre Gäste zu akzeptablen Preisen in akzeptablen Räumlich-keiten. Zeitgenössische Fremdenführer warnten jedoch vor sogenannten »Beherbergungsanstalten«, die auf ein oder mehreren Etagen normaler Mietshäuser untergebracht waren. Sie galten als billige Absteigen.

Dampfbad bei Nacht

Wem es nicht gelang, eine Unterkunft zu finden, der mußte sich wohl oder übel die ganze Nacht hindurch rund um die Friedrichstraße vergnügen. Etablissements, die dies erlaubten, gab es in Hülle und Fülle, zum Beispiel solche mit der ein wenig irreführenden Bezeichnung »Nacht-Badeanstalten«. Curt Morecks »Führer durch das lasterhafte Berlin« verrät: »Laien können, wenn sie die Ankündigung von Badeanstalten lesen, die zum nächt-

»Die nächtlichen Badeanstalten dienen nicht nur der Reinlichkeit.« Im Admiralsbad, Ruheraum für Herren, 1911.

lichen Besuch einladen, den Eindruck gewinnen, daß die Reinlichkeit des Berliners eine merkwürdige Angelegenheit sei und unter einer gewissen Uebertreibung leide. Für sie bleibt einiges richtigzustellen. Die nächtlichen Badeanstalten dienen nicht nur der Reinlichkeit.«[86] Die meisten Benutzer suchten diese Anstalten sogar frisch gebadet auf. Nach Pariser Vorbild eingerichtet, dienten diese Häuser eher der Geselligkeit.

Ähnlich verhielt es sich mit dem »Dampfbad im Admiralspalast«. Der Feuilletonist Joseph Roth wußte 1921 zu berichten: »Das Dampfbad im Admiralspalast ist wieder die ganze Nacht offen (...) Wer kein Hotelzimmer findet, geht ins Dampfbad. Eine Nacht kostet zwanzig Mark. Für diesen Preis hat man sich sozusagen reingeschlafen und ausgeschwitzt (...) Von dem nahegelegenen Bahnhof Friedrichstraße kommen gegen Mitternacht Reisende mit Koffern. Von ergebnislosen Wanderungen durch die Hotels der Stadt zurückgekehrt, atmen die Menschen Erlösung vor dem Eingang ins Bad. Es ist langsam eine notwendige Institution dieser Großstadt geworden! Es fördert und reinigt den Fremdenverkehr. Der groteske Anblick eines nächtlichen Heißluftzimmers, in dem sechzehn splitternackte Obdachlose den Kohlenruß einer Eisenbahnfahrt auszudünsten bestrebt sind, erweckt infernalische Vorstellungen (...) Das Schlafzimmer sieht aus wie ein ausgehöhltes Polygon aus der Geometrie. Die Sofas sind klein, niedrig und zahlreich. Sie stehen da wie absichtslos, als hätte man sie gerade noch nur hier aufbewahren können. Die Frottierten versuchen, sich auf den Sofas Ruhe zu holen.

Bei dieser Gelegenheit lassen sie dem anderen keine. Es ist ganz unglaublich, was die Reinlichkeit für versteckte Sehnsüchte aus den Schlupfwinkeln ausgeschwitzter Seelen heraufzuholen imstande ist. Der Appetit wächst ungeheuerlich. Ich glaube fast, daß das Dampfbad während des Krieges nur deshalb geschlossen war, weil England uns blockierte. Sechzehn gründlich vereinigte Menschen können die Vorräte einer großen Stadt für ein halbes Jahr vollkommen verzehren. Oh, wenn Stullen nicht die Eigenschaft hätten, in Knisterpapier eingewickelt zu sein! Als würde weiches Papier nicht genügen! (...) Man schläft nicht schlecht auf diesen Sofas, wenn man bereits gesättigte Schlafnachbarn hat.«[87]

Das Admiralsbad warb in Reiseführern mit dem Slogan: »Das modernste Bad Europas«. Der Zweite Weltkrieg verschonte das Gebäude, die Räumlichkeiten blieben erhalten, doch nahm kein Betreiber mehr den Badebetrieb auf. Die letzten Reste des Original-Interieurs, die Mosaikgestaltungen, entfernte die Denkmalpflege in den späten achtziger Jahren.

Friedrichstraßen-Amüsemang

Der Bahnhof Friedrichstraße schwemmte eine Unmenge Leute aus nah und fern in die große Stadt. Zugreisende verspürten oft großen Durst, wenn sie den Abteilen entstiegen waren. Um den Verkehr auf den Straßen flüssig zu halten, hatten die Stadtbahnbauer die vierspurige Strecke der Stadtbahn angehoben und auf gemauerte Ziegelsteinbögen gebettet. Die dadurch unter den Bahngleisen entstehenden Hallen ließen sich hervorragend vermieten – im Bereich der Bahnhöfe vor allem an Einzelhändler oder Schankwirte. So richtete Heinrich Joseph Kayser, der zuvor als Innenarchitekt gearbeitet hatte, in den östlich vom Bahnhof Friedrichstraße gelegenen Bögen einen größeren Restaurantkomplex ein, der sich »Zum Franziskaner« nannte und in dem vor allem reichlich Bier floß.

Wer kein Hotelzimmer fand, ging ins Dampfbad.
Anzeige in einem Berlin-Reiseführer.

Daß es mehrere so genutzte Bögen entlang der Bahnstrecke gab, legt folgendes Lied nahe:

Uns kümmert nicht, was oben braust,
Sich in die Ferne schwingt,
Wir sitzen unten wohlbehaust,
Allwo das Bier entspringt,
Und segnen frohvergnügt die Stadt,
Die soviel schöne Bögen hat.

»Früher beherrschte die Weiße mit oder ohne Schuß (Himbeersaft) den Berliner Durst«[88], behauptete der Flaneur Franz Hessel 1929. Das ist zu bezweifeln. Für das Jahr 1716 beispielsweise hält die Kämmereirechnung für die »Bier-Consumtion« fest, daß an der Spitze das Ruppiner Bier mit 14.480 weit vor dem Bernauer mit 3.946, dem Crossener mit 3.638 Tonnen und dem Cottbusser mit 2.412 Tonnen liegt. Unter den 38 aufgelisteten ›fremden‹ Biersorten befinden sich auch Ducksteiner, Carthäuser, Cöpnicker Moll, Potsdamer, Spandauer oder Bremer mit zusammen 26.914 Tonnen. Die Berliner Biere noch nicht mitgezählt!

Einer der alten Berliner, im Stadtzentrum gelegenen Brauereistandorte befand sich in der Friedrichstraße 128. In den beiden ältesten Adreßbüchern von 1799 und 1801 wird der Brauer Stachow in unmittelbarer Nachbarschaft des Französischen Hospitals angegeben. Am Ende des

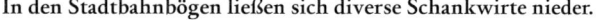
In den Stadtbahnbögen ließen sich diverse Schankwirte nieder.

19. Jahrhunderts war das Brauereiwesen dort immer noch ansässig, nämlich die »Weißbier Aktien Brauerei, vormals Bolle«. Als Franz Hessel in den zwanziger Jahren die Stadt durchstreifte, lag der Abriß des eingeschossigen Brauereigebäudes bereits 30 Jahre zurück: »In stillen Straßen der Altstadt findet man noch einige der echten alten Weißbierstuben. Da sitzt man an blanken Holztischen vor der breiten Trinkschale und unter den Bildern des alten Kaisers und des Kronprinzen von dazumal und Bismarcks, Roons und Moltkes. Aber hier in der Friedrichstadt sind diese Stuben und Keller seit einem halben Jahrhundert verdrängt durch Bierpaläste und –kathedralen, die jetzt ihrerseits historische Ehrwürdigkeit bekommen. Als neue Sehenswürdigkeit beschreibt sie Laforgue. Türme und Türmchen dieser curiosités architecturales fallen ihm auf und er weiß von einer Magistratsverfügung, die verbieten mußte, daß noch höher getürmt wurde, sonst wären am Ende die Berliner Biertürme babylonisch in den Himmel gewachsen. Er ergötzt sich an den alfresco-Bemalungen außen und im Inneren. ›Der Stil dieser Etablissements‹, schreibt er, ›ist, was man deutsche Renaissance nennt. Sie haben Holzverkleidung an Decke und Wand, auch die Pfeiler sind bemalt, und rings um den Saal läuft eine Etagere, wo aller Art Bierbehälter aufgereiht stehen, aus Porzellan, Steingut, Metall und Glas aller Epochen.‹ Wie lang sich dieses Kolossal-Nürnberg noch halten wird gegen das eilig laufende Band der Lichtreklameflächen, das jetzt die Fassaden von Berlin glatt und gleichmachend erobert, das weiß ich nicht.«[89]

Das älteste Münchner Brauhaus präsentierte sich mit einer Berliner Dependance im Hause Friedrichstraße Nr. 172. »Ausschank der Brauerei Zum Spaten v. Gabr. Sedlmayr München« war an der Fassade zu lesen, aufgemalt zwischen erstem und zweitem Obergeschoß. Überhaupt bestimmten zur Jahrhundertwende süddeutsche Brauereien das Erscheinungsbild im mittleren Abschnitt der langen Magistrale. Ein besonders markantes Exemplar seiner Art war dabei das Gebäude der Tucherbräu, das mit der repräsentativen Fassadenmalerei einen Hauch Heimat nach Berlin holte. Während im »Tucherhaus« das fränkisch helle und dunkle Gebräu ausgeschenkt wurde, beherbergte der angegliederte Nürnberger Hof nicht nur Gäste aus dem Frankenland.

Die Dominanz der süddeutschen Biere lag in der erfolgreichen Art des Brauens begründet, deren Durchbruch in Berlin Robert Springer 1848 wie folgt erläuterte: »In ein neues Stadium trat das Berliner Leben nach Eröffnung der Eisenbahnen und der Einführung des Baierschen Bieres. ... Das Berliner Weißbier war seinem Wesen nach conservativ. Wer sich eine Stange davon bestellte, mußte vorläufig wenigstens ein ruhiger Mann sein, er mußte sich in Geduld fassen, bis der Schaum, welcher sich einen halben Fuß hoch thürmte, gefallen war, er konnte die Masse des gehaltvollen Stoffes nur allmählich bewältigen, je tiefer er aber eindrang in die kühle Blonde desto ruhsüchtiger wurde er, das Volumen seines Körpers vermehrte sich beträchtlich, die Bewegung wurde erschwert. Anders wirkte das Baiersche Bier. Es regte den Magen mehr an, als es sättigt, es hat viel spirituosen Ge-

halt und es muß schnell getrunken werden, es schwemmt wenig auf, aber es steigt leicht zu Kopf; beim Baierschen wird der Trinker lebhaft und aufgeregt, während er beim Weißbier beruhigt, gemüthlich und endlich schläfrig wird. So mußte also nothwendig durch den Übergang vom Weißbier zu Baierschen eine Veränderung mit dem Berliner vorgehen: er mußte gewickter, lebendiger, geistreicher und unternehmender werden.«

Doch auch Berliner Unternehmen wußten sich zu behaupten; sie begannen sich auf die veränderten Trinkbedürfnisse der Hauptstadtbewohner und der zugereisten Gäste einzustellen. »Gegen das Jahrfünft von 1874/78 war im Jahrfünft von 1889/93 die Produktion von obergärigem Bier – hauptsächlich Weißbier – in Berlin um die Hälfte, die von untergärigem Bier aber auf das Doppelte – von 1.016.000 auf 2.110.000 Hektoliter – im Jahr gestie-

Im Bierhaus »Zum Spaten« in der Friedrichstraße 176, um 1895.

gen. Aus verhältnismäßig kleinen Brauereien waren kapitalistische Unternehmen ersten Ranges geworden, die ihren Absatz weit in die Provinz hinein ausdehnten, über große eigene Ausschanklokale und durch Pachtverträge aller Art noch über einen Heerbann von unzähligen größeren und kleineren Gastwirtschaften verfügten. An erster Stelle dieser modernen Brauereien Berlins marschierte die Schultheiß-Brauerei«[90], wußte der Sozialdemokrat Eduard Bernstein zu berichten. Die Schultheiss-Brauerei rüstete ihre Mälzerei mit Hilfe einer Münchner Darre um, erhöhte dadurch schlagartig den Absatz ihres »Versandbieres« und konnte so im Jahre 1888 ein großes, den Münchner Ausschanklokalen ebenbürtiges Etablissement in der Friedrichstraße / Ecke Behrenstraße errich-

ten, schräg gegenüber von Pschorr. Das Gebäude behauptet sich noch heute an der Ecke Friedrich-/Behrenstraße, in den 1990er Jahren war hier auch das »Haus der Demokratie« untergebracht.

Der Innenraumgestalter des »Franziskaner«, Heinrich Kayser, bekam mit seinem Partner Karl von Groszheim den Auftrag von der Münchner Pschorr-Bräu, ein repräsentatives Geschäftshaus mit eigenem Ausschank auszuführen. Über dem Eingang an der angeschrägten Straßenecke richtete sich in einer Nische ein Münchner Löwe auf und stützte sich mit seinen Pranken auf das bajuwarische Stadtwappen. Dem Brauereibesitzer Georg Pschorr gehörte nicht nur das 1820 gegründete Münchner Unternehmen, sondern auch das Berliner Grundstück samt dem

Bierpalast der Tucherbräu, um 1914.

1887/88 errichteten werksteinverkleideten Bau. An der Ecke zur Taubenstraße war die Brauerei Tucher dem Konkurrenten Patzenhofer zuvorgekommen. Die großen Fensterbögen des Erd- und ersten Obergeschosses zeigten den Ausschank der Brauerei Patzenhofer an, die 1906/07 neben Tucher in der Taubenstraße ein neues Geschäftshaus für die Aktiengesellschaft durch Hermann Dernburg errichten ließen, das noch existiert.

Da die meisten Brauereien die Häuser, in denen sie ihr Bier ausschenkten, selbst errichtet hatten und betrieben, drückten sie der Friedrichstraße in gastronomischer Hinsicht über Jahre hinweg einen Stempel auf. Sie lagen bevorzugt an den Ecken, aber auch »mittenmang«. So nahm das von Hans Grisebach bis 1888 erbaute Gebäude in der Friedrichstraße 80 in den beiden unteren Stockwerken das Böhmische Brauhaus »Zum Gambrinus« auf. Im ersten Obergeschoß zog sich über die gesamte Hausbreite ein Balkon hin, der bei entsprechendem Wetter von ca. 20 Gästen genutzt werden konnte. Die Gambrinus Aktiengesellschaft, die sich nach dem sagenumwobenen, angeblichen Erfinder des Bieres nannte, vermochte sich jedoch nicht allzu lange zu halten, sie ging schon 1891 in Liquidation. Der Weingroßhändler und Weingutbesitzer Sturm aus Rüdesheim am Rhein nutzte die Pleite der Hopfenbrauer und erwarb das neu bebaute Grundstück, um seine Gäste daraufhin in seinem Lokal »Zum Rüdesheimer« zu empfangen. Auch andernorts verwandelten sich die Brauhäuser im Laufe der Zeit nicht selten in Weingaststätten. So löste die Altdeutsche Weinstube Gruban & Souchay das Münchner Augustiner ab.

An der Ecke zur Rosmarinstraße bauten die Architekten Kayser & v. Großheim einen kleineren Bierpalast. Noch vor der Jahrhundertwende errichteten sie den dreigeschossigen Mauerwerksbau mit einer von zahlreichen Reliefierungen geprägten Fassade für das Münchner Augustinerbräu. Ein Augustinermönch war auch unter einem kleinen Baldachin an der Ecke zur Friedrichstraße zu sehen. Das ca. 20 Meter tiefe Gebäude hatte gemütliche Gasträume im Erd- und Obergeschoß. Das blieb auch nach der Übernahme durch die Weinstube Gruban & Souchay so, die ihren Stammsitz in die Friedrichstraße verlegte, bevor auch sie, dem Trend der Zeit folgend, am Kurfürstendamm eine Filiale eröffnete.

Neben Gruban & Suchay etablierten sich im Laufe der Zeit auch andere Weinhandlungen in der Friedrichstraße, die zwar den Brauhäusern nicht unbedingt den Rang ablaufen konnten, zumindest aber doch eine gediegene Alternative zu den Biersälen darstellten. Das Bierrestaurant galt in Berlin eher als zweitrangig, und das Weinrestaurant wurde nun »dazu bestimmt, das reich gewordene Berlin zu einem lohnenden Absatzmarkt zu machen. Die Weinindustrie hat sich einfach der ganzen vornehmen Restaurantküche in Berlin bemächtigt und kann jetzt dekretieren: Speisekarte ohne Weinkarte gibt's nicht!«[91]

Getreu der im 19. Jahrhundert gängigen Redensart »Was ein richtiger Berliner ist, kommt aus Breslau«, eröffnete dort 1862 ein Gastronom eine Weinhandlung, dessen Name Jahre später aus dem Berliner Stadtbild nicht mehr wegzudenken sein sollte: Moritz Kempinski. Sein Bruder Berthold, der zunächst zwei Jahre lang in Breslau hinter dem Tresen gestanden hatte, ging 1874 in die Reichshauptstadt, um sich in der Friedrichstraße Nr. 178 einzumieten. Indem er die Kundschaft in seinem bescheidenen Ladenlokal nicht nur mit Wein, sondern auch mit einem stetig wachsenden Speisenangebot versorgte, konnte Berthold Kempinski nach 15 Jahren in stattlichere Räume an der Leipziger Straße 25 umziehen. Er behielt jedoch einen der bereits zu dieser Zeit zahlreichen Lagerräume in der Friedrichstraße, bevor das Unternehmen 1913 in der Nummer 225 eine Zentralkellerei unterbrachte. Ein dort von der Friedrichhaus GmbH errichteter Neubau eröffnete Kempinski die Chance, die Weinbestände fortan in einer zweigeschossigen, 7.000 m² umfassenden Kellereianlage zu konzentrieren. Insgesamt betrug der Lagerumfang an Flaschenweinen ungefähr eine Million, der tägliche Umsatz lag bei rund 10.000 Flaschen.

Drei elektrische Spülmaschinen ermöglichten die Reinigung von 15.000 Flaschen pro Tag. Hebebühnen erleichterten die Arbeit, eine Wasserberieselungs- und Zerstäubungsanlage, wasserdichte Telephone und vieles mehr zählten zum modernsten Technikkomfort. Im Laufe der Zeit galt der Name Kempinski längst als Synonym für ausgezeichnete Verpflegung, denn ab den zwanziger Jahren hatte sich der Geschäftsschwerpunkt vom Wein hin zu Lebensmitteln verlagert. Bereits 1912 war indes im Eckhaus Krausenstraße 71 / Friedrichstraße 198-199 das erste firmeneigene Delikatessen- und Feinkostgeschäft eröffnet worden, dem 1926 in der westlichen Innenstadt ein zweites mit exklusivem Restaurant folgen sollte – genau da, wo heute am Kurfürstendamm das gleichnamige Hotel steht. Kempinskis »Stammhaus« in der Friedrichstraße 178 wich 1899 einem Neubau, der zum Komplex des »Kaiser-Hotels« gehörte. Dieses Hotel betrieb mit seinem »Kaiser-Keller« ein riesiges Weinlokal, das in der untersten Etage im Ratskellerstil, eine Etage darüber nach Art des Frankfurter Römers gestaltet war. Bedeutend war außerdem die 1804 gegründete Weingroßhandlung Gerold, die in Berlin ein weitgespanntes Filialnetz besaß mit allein fünf Gerold-Weinstuben in der Friedrichstraße.

Neben Bierschwemmen und Weinlokalen gab es auch Likörstuben. Mindestens elf sollen um die Jahrhundertwende in der Friedrichstraße ansässig gewesen sein, darunter so bekannte wie »Mampes Gute Stuben« in der Nr. 169, 171 und 185. Bekannt in Berlin war damals die Redensart:

»Sind's die Augen, geb' zu Mampe
Gieß dir einen uff de Lampe
Brauchste nich zu Ruhnke jehn
Kannste allet doppelt sehn.«[92]

Alfred Kerr berichtete 1895: »Ein furchtbarster Wirrwarr herrscht an den Türen der verschiedenen holländischen Schnapsstuben in der Friedrichstraße. Diese noblen und teuren Destillen, von Erven Lucas Bols, und wie sie heißen, sind außen belagert und innen bis an die Wände vollgepropft von stehenden, gestikulierenden Personen, die sich an die Bar drängen wollen mit Ellenbogenpüffen und Rufen wie bei einer Auktion, und von denen jeder nur den einen Wunsch in seiner Seele fühlt: eine holländische Mischung hinter die kräftige deutsche Brust gleiten zu lassen.«[93]

Ihren hervorragenden Standort am Bahnhof Friedrichstraße wußte die Firma Aschinger zu schätzen. Sie erwarb 1901 das Eckhaus Friedrichstraße 97, an der Georgenstraße, gegenüber dem »Franziskaner«. Die erfolgreichen Brüder Aschinger kauften es mit sicherem Gespür für gewinnversprechende Innenstadtlagen und verzierten ihre Lokale jeweils im Erdgeschoß mit unübersehbaren, weißblauen Karomustern, die schnell ein leicht wiederzuerkennendes Markenzeichen wurden.

Die beiden Gründer des Unternehmens hießen August und Carl Aschinger. Seit 1892 betrieben sie in der Stadt neben einigen Konditoreien in der Hauptsache Bierquellen, deren Anzahl sich stetig vermehrte. 1896 konnten die Aschingers schon auf 13 Bierlokale verweisen, von denen allein drei in der Friedrichstraße lagen: die III. Bierquelle in der Friedrichstraße 88, die V. in Nr. 151 und die XIII. in Nr. 175.

Auf Anraten von Carl Aschinger soll die »Schrippenspeisung« eingeführt worden sein: zu Suppen bekam der Gast einen Korb mit Brot und Brötchen, angeblich auch beim bloßen Biertrinken. Das kam gut an. George Grosz in seiner Autobiographie »Ein kleines Ja, ein großes Nein«: »Aschinger war eine Wohltat für hungrige Künstler. ...

Likörstube von Bols in der Friedrichstraße 169, um 1895.

Man bestellte einen Teller Erbsensuppe, der kostete 30 Pfennig und war kein Teller, sondern eine Terrine. Die Hauptsache aber war: man konnte dazu soviel Brot und Brötchen haben, wie man wollte. War der Brotkorb auf dem Tisch leer, so kam der Kellner von selbst und füllte nach … Was in unseren Taschen verschwand, wurde nicht beanstandet, man durfte es nur nicht so auffällig machen.«[94]

1900 ging Aschinger als Aktiengesellschaft an die Börse – mit Erfolg. Erst der Zweite Weltkrieg und die spätere Sequestrierung im Ostteil Berlins fügten der Aschinger AG schweren Schaden zu, von dem sie sich nicht mehr erholen sollte. Das heutige Aschinger am Kurfürstendamm hat mit dem ursprünglichen Gasthaus nur noch den Namen gemein.

»Die Welt ist um eine neue Schönheit bereichert worden: die Schönheit der Schnelligkeit.«[95] Was Marinetti 1925 schrieb, galt schon 30 Jahre früher auch für die Gastronomie, die sich auf das Tempo der Großstadt einstellte. Die Aschinger-Kette setzte seit ihrem Start in Berlin auf Schnelligkeit; bei einem konstanten Speisenangebot konnte jeder zügig bestellen und verzehren. Einen Schritt schneller noch waren die Automatenrestaurants.

Der Unternehmer Max Sielaff gründete eine »Automat-Gesellschaft«, die auch die technische Ausstattung für andere Automaten-Schnellrestaurants lieferte. Nachdem 1897 in der Leipziger Straße 86 ein erstes eröffnete, folgten drei weitere in der Friedrichstraße, in Nr. 152, 192 und im heute noch existenten Geschäftshaus Nr. 166. Ab 1906 firmierte der »Automat« nebenan, in der Friedrich-

Aschinger am Bahnhof Friedrichstraße, 1936.

straße 167. Nach Münzeinwurf kamen aus den Automaten kalte und warme Speisen sowie diverse Getränke, allen voran das Bier. Die Werbung pries mit Hinweisen wie »Zwanglos«, »Zeitgemäß«, »Rasch und gut« sowie der Verlockung »Kein Trinkgeld!«

Als »zeitgemäß« galten nach wie vor auch Passagen, obwohl die Besitzer der »Kaisergalerie« in der Friedrichstraße nie wirklich zufrieden mit ihren Geschäften waren. 1908/09 wurde eine neue Passage erbaut: Die »Friedrichstraßenpassage« verband die Friedrichstraße 110–112 mit der Oranienburger Straße. Dieser neue »Durchgang« war mit 8.800 m² Grundstücksfläche gegenüber der »Kaisergalerie« mit nur 4.756 m² wesentlich größer. Die Gesamtlänge betrug 153 Meter, die Breite der Passagenarme 14 Metern, die Höhe 19 Meter, die Kuppelkonstruktion hatte einen Durchmesser von 27,5 und eine luftigen Höhe von 34 Metern. Architektonische Besonderheit war eine Stahlbetonrippenkuppel, die erste in Berlin.

Die Passagenbetreiber hatten sich zunächst mit einem größeren Geschäftshaus an der Friedrichstraße versucht, und, als die Geschäfte dort schlecht gingen, die Nachbargrundstücke hinzu erworben und den Architekten Franz Ahrens mit der weiteren Planung beauftragt. Der Baurat Ahrens schlug eine Erweiterung zur Oranienburger Straße vor mit Blick auf bessere Durchlässigkeit und Durchquerung der Gesamtanlage. Verschiedenste Spezialgeschäfte sollten sich in der Passage zu einer Art Warenhaus zusammentun und so im immer härter werdenden Konkurrenzkampf des Einzelhandels gegen die Warenhäuser bestehen. Ein Unternehmer stieg ins Geschäft ein und erwarb die notwendigen Flächen, eine Aktiengesellschaft gründete sich, und der Erweiterungsbau, der immerhin sieben Millionen verschlang, konnte begonnen werden.

Zunächst legte man eine vollständige Unterkellerung an, die der Lagerung von Waren, technischen und hygienischen Anlagen, für Garderoben und Erfrischungsräume diente. Es gab diverse Treppenhäuser, elf Personenfahrstühle sowie zehn separate Aufzüge für Lasten, in denen sogar Autos transportiert werden konnten. Ein eigenes Beförderungssystem erlaubte den Warentransport in den Keller zur Verpackung und Expedition zu den Käufern. Der Betreiber des Passage-Kaufhauses übernahm Dienstleistung und Service für die Einzelhändler, dennoch blieben die Umsätze und damit auch die Vermietungserträge mager. Dann übernahm Wolf Wertheim, Sohn des Begründers des bekannten Warenhausunternehmens, das Passage-Kaufhaus, aber auch er konnte den Untergang nicht aufhalten. Die Zwangsversteigerung erfolgte noch vor dem Ersten Weltkrieg.

Speisen nach Münzeinwurf im Restaurant Automat.

»Zwanglos - kein Trinkgeld«: Werbung für das Automaten-Restaurant.

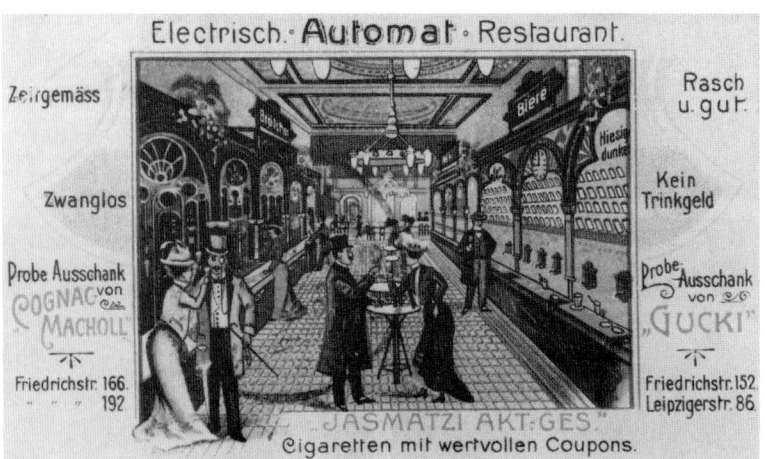

Nach dem Krieg führte eine »Passage-Kaufhaus-Gesellschaft« die Geschäfte weiter, jedoch ohne großen Erfolg. Der direkte U-Bahnanschluß durch die Station »Oranienburger Tor«, der den Standort am nördlichen Ende der Friedrichstraße deutlich aufwertete, kam erst 1923. Der einzige Großnutzer bis zur Zerstörung im Zweiten Weltkrieg war ab 1928 die AEG, die das Passagen-Kaufhaus übernahm und ein »Haus der Technik« einrichtete, ein Ausstellungshaus für firmeneigene Produkte.

Seit 1990 haben sich in der Passagen-Ruine an der Oranienburger Straße Künstler mit ihren Ateliers im sogenannten »Tacheles« niedergelassen.

Noch vor dem 1914 eingeleiteten Konkurs der Friedrichstraßenpassage war eine dritte Passage in Nutzung genommen worden. In der Friedrichstraße 235 lag der Eingang zur Friedrich-Wilhelm-Passage, die bis zur Wilhelmstraße 13 reichte. Von einer der »Kaisergalerie« und Friedrichstraßenpassage ebenbürtigen kann allerdings nicht gesprochen werden; es handelte sich mehr oder weniger um einen einfachen Durchgang. Die Entfernung von der Friedrich- zur Wilhelmstraße zwischen Hedemannstraße und dem Belle-Alliance-Platz konnte so verkürzt werden. Die »Passage« hatte rein lokalen Charakter und taugte nicht für das große Friedrichstraßengeschäft.

Kuppelraum der Friedrichstraßenpassage 1928. In der Ruine befindet sich heute das »Tacheles«.

Gefährliche Mädchen und Tingeltangel

»Der trubelnde Straßenzug zwischen dem Bahnhof Friedrichstraße und der Leipziger Straße ... war dem Manne in der Provinz Inbegriff einer Märchenwelt voll Licht, Frauen und Erotik, war höchstes Ziel seiner Wünsche, beunruhigte ihn daheim mit Sehnsucht nach seinen lockenden Geheimnissen und erfüllte ihn, wenn er sich mitten in den Wirbel wagte, mit dem prickelnden Reiz der Sensation. Damals war die Friedrichstraße ein Inbegriff, die Substanzierung der Weltstadt Berlins«[96], heißt es in Morecks »Führer durch das lasterhafte Berlin«. Nicht wenige Besucher der Metropole, die um die Jahrhundertwende durch die Friedrichstraße flanierten, waren auf der Suche nach Abenteuer, eben nach der erotischen Märchenwelt der Großstadt.

In und um die Friedrichstraße existierte eine Vielzahl unterschiedlichster Vergnügungslokale, die sogenannten »Tingeltangel« – ein Begriff sozusagen aus der Frühzeit des Amüsierens. Er bezeichnete etwa seit der Mitte des 19. Jahrhunderts musikalisch-kurzweilige Veranstaltungen, bei denen das Publikum nicht steif in den Stuhlreihen saß, sondern sich bei gastronomischer Versorgung heiter vergnügte. Ein Versuch, den Ursprung des Wortes zu erklären, geht zurück auf die Friedrichstraße: In der Friedrichstraße 205 soll ein Kellerlokal namens »Triangel« existiert haben, in dem ab Mitte der fünfziger Jahre ein Gesangskomiker namens Tange mit weiblicher Begleitung auftrat. Tingeltangel – das bürgerliche Publikum,

das Theater, Konzerte, die Oper besuchte, mochte die Nase rümpfen und abschätzig auf die Vergnügungslokale herabblicken, die derlei Programm boten. Doch dem Zuspruch der »kleinen Leute« tat das keinen Abbruch. Und auch der Provinzler auf Berlin-Besuch steuerte mit Vorliebe die Tingeltangels in und um die Friedrichstraße an.

Kleine, gedruckte Handzettel wurden gleich am Bahnhof an den Mann gebracht, auf denen Lokale ihre »Darbietungen« anpriesen, meist musikalische oder artistische Vorführungen, im schlimmsten Falle unter Mitwirkung von Weibspersonen, die erst ihren Auftritt hatten und dann in schlüpfrigen Kostümen die Besucher animierten.

Werbezettel aus der Zeit um 1900 priesen an: »Restaurant zur feschen Radlerin, Zimmerstraße 18 a. d. Friedrichstraße. Internationale Damen-Bedienung. An der Baar. Die schöne Else.« Oder: »Neu – Grand Restaurant Jockey-Club, Dorotheen-Straße 93, zwischen Friedrich- und Charlottenstr. Bedienung von den schönsten und schneidigsten Sportsdamen der Residenz. Musikalische Abendunterhaltung. Sehenswerth.« Oder : »Lebende Bilder von 6 schönen jungen Damen. Angenehmer Aufenthalt für Fremde und hiesige Gäste im reizenden Palmengarten des Grand-Restaurant zum klassischen Dreieck Kronenstr. 18,

»Gefährliche Mädchen« –
Werbezettel für den Provinzler auf Berlin-Besuch.

zwischen Friedrich- und Charlottenstr. Die feurige Spanierin aus Sevilla u. d. kl. Creolin. Frei-Concert: Zigeuner Musik. Bedienung von jungen Polinnen, Araberinnen, Französinnen, Amerikanerinnen, Russinnen im Nationalcostüm.« Besonders pfiffig war es, sogar die Rückseite seines Handzettels bedrucken zu lassen. »Neu! ›Zur Hütte‹. Elegantestes Local der Friedrichstadt zwischen Linden und Bahnhof Friedrichstraße. International! Originell!« Auf der Rückseite waren die Schönen mit Foto und Namen vorgestellt.

Die Schönen der Nacht waren auch auf dem Bürgersteig anzutreffen. »Die Prostitution ist in Berlin namentlich zu einer Ausdehnung gekommen, welche beweist, wie ungeheuer die Zahl derjenigen ist, welche durch äußere Verhältnisse der Existenz und der Erziehung in einen offenen Kampf gegen die Moralgesetze getrieben werden. Die Zahl der Prostituierten ... beläuft sich auf 10.000 Frauenzimmer, welche sämtlich den ärmeren hilflosen Klassen angehören«[97], schrieb Ernst Dronke schon 1846. Nach seiner Rechnung war von den 87.000 Frauen Berlins im Alter von 17 bis 45 Jahren jede achte Prostituierte. Die Straßendirnen waren dabei damals wie später die »ausgebreitetste, zahlreichste« Gruppe, die »ihr Gewerbe teils am Tag, und am häufigsten in der Dämmerung« betrieben.

Wer eine suchte, fand sie hier, im »Zentrum der berlinischen Sündhaftigkeit«. »Das schmale Trottoir war mit einem Teppich aus Licht belegt, auf dem sich die gefährlichen Mädchen wie auf Seide bewegten. Der Mode gemäß

hatte ihr aufrechter Gang etwas Feierliches, das grausam persifliert wurde, wenn sie den Mund aufmachten, um sich im städtischen Idiom zu äußern.« Der Maler Max Beckmann notierte 1909 in seinem Tagebuch: »Machte den Entwurf zu einer Scene aus der Friedrichstraße, die ich gestern auf dem Nachhauseweg bemerkt und von der mir ähnliches schon lange vorgeschwebt hatte. Männer, die sich nach ein paar Dirnen im Gehen umdrehen. Die Frauen drehen sich ebenfalls nach ihnen um. Die Männer grell von einem Straßenlicht beleuchtet, die Frauen etwas dunkler. Möchte gern etwas von dem Zucken, dem magnetischen Zusammenreißen der Geschlechter hineinbringen: etwas, was mich gerade auf der Straße immer wieder mit Bewunderung über diese immense Pracht der Natur erfüllt. Es macht gerade in diesem rein mechanischen harten, trostlos offenen Wirken zwischen diesen meist häßlichen und banalen Menschen einen unheimlichen Eindruck, der aber doch wiederum nicht frei ist von einer gewissen Großartigkeit.«[98]

Die Straßendirnen kamen aus den verschiedensten Stadtteilen in die Friedrichstraße, um hier auf der Amü-

Mokka-Diele mit »Knutschloge«, Zeichnung von Heinrich Zille.

siermeile ihrem Gewerbe nachzugehen. Hinterzimmer in Lokalen der Nebenstraßen, Hinterhofwohnungen zwei, drei Ecken weiter boten ihnen Unterschlupf. Eine Reportage der »Frankfurter Zeitung« berichtete 1923: »Noch zeigt die Friedrichstraße ein halb bürgerliches Aussehen. Doch bald beginnt in den Nebenstraßen ein Wispern und an den Hauswänden Entlangschleichen, ein Aufglühen von Laternen und Bogenlampen vor bunten Fassaden, ein Postieren vor Haustüren und das Geraschel halbseidener Unterröcke ...«[99]

Märchenwelt voll Licht, Frauen und Erotik – Gemälde von Lesser Ury, 1888.

Bis in die zwanziger Jahre lockten der Ruf der Lasterhaftigkeit und die Vielzahl der Animiergaststätten Einheimische wie Fremde an, warben Kneipiers mit den unterschiedlichsten Attraktionen für ihr Lokal. »Der Besitzer des Roten Ballsalon läßt Handzettel verteilen, die einem in der Friedrichstraße von einem älteren Herren mit einer Geste überreicht werden, als handle es sich um einen Aufnahmeschein für ein Leichenverbrennungsinstitut und nicht um eine Anpreisung edler Weine und erstklassiger Speisen und um das Glück, einige Stunden in einer Atmosphäre verträumen zu dürfen, welche die Gerüche exotischer Blumen und üppiger Haarwälder in sich trägt. Der Zettelverteiler ist die Warnungstafel, die Anpreisungen des Zettels als einen wohlgemeinten Hinweis auf Aufspeicherung von Lastern verschiedener Art zu nehmen.«[100]

Um schon in den Nachmittagsstunden Besucher in kleinere Lokale zu locken, richteten die Betreiber Séparées ein, in denen Mokka zu Niedrigpreisen serviert wurde. Die Bereiche für ungestörte Zweisamkeit waren durch Raumteiler, häufig Vorhänge voneinander abgetrennt, in die Kellner nur nach Aufforderung eintraten. Von diesen »Mokka-Dielen« mit »Knutschlogen« gab es zahlreiche in der Friedrichstraße zwischen Leipziger Straße und Halleschem Tor, gut gefüllt in der Zeit zwischen fünf und sieben Uhr am Nachmittag.

In anderen, nördlich gelegenen Lokalen der Friedrichstraße frönten die Gäste aus nah und fern der Erotik, begierig auf Nackttanz und durchs Programm führende Conférenciers, denen das Publikum wegen der Zwei- und Eindeutigkeiten förmlich an den Lippen klebte. Zwischendurch gab es reichlich Musik, mitunter stark jazzdominiert. Bekannt und beliebt für diese Art Nachtleben war Steinmeier am Bahnhof Friedrichstraße.

»Und in der heutigen Friedrichstraße gespenstert wenig von dieser Vergangenheit«, schrieb Franz Hessel 1929. »Ihr Nachtleben ist längst von dem westlichen Boulevard überboten. Und was davon noch vorhanden ist, reizt mehr den Provinzler als den Berliner Bummler. In einigen Nachtlokalen kann die Jugend vielleicht noch ironisch studieren, was früheren Generationen Spaß machte.«[101] Ähnlich liest sich auch bei Curt Moreck der Abgesang auf die »besseren« Tage: »In der kurzen Aera der Republikanisierung ist die seinerzeit vorherrschende Gesinnung fossil geworden und mit ihr das einstige Berliner Amüsierviertel, trotz immer wieder einsetzender Belebungsversuche. Alles ist um ein paar Grade gesunken, alles ist ein wenig unzeitgemäß, alles ist etwas Vergangenheit geworden. Der flüchtige Beobachter, der eilige Fremde, der schnelle Passant merkt es nicht. Aber es ist so. Ueber alle Dinge hat sich etwas Staub gelegt, hat sich etwas die Melancholie der Vergangenheit ausgebreitet. ›Friedrichstraße‹ ist keine Wertmarke mehr. Es ist oft sogar ein Mißtrauensvotum.«[102]

Varietés und Kabaretts

Wer fuhr schon nach Berlin, nur um Sehenswürdigkeiten zu besichtigen? Die Fremden nicht, und auch nicht die Einwohner der Vorstädte und der Peripherie. Der Besucher wollte etwas geboten kriegen, er wollte Kaffee, Wein, Bier trinken und erleben, was in der Provinz nicht geboten wurde. Er ging ins Tingeltangel. Oder ins Varieté, die neue Vergnügungsstätte am Ende des 19. Jahrhunderts.

»Das ›Apollo-Theater‹ lebte von einer merkwürdigen Mischung aus Akrobatik, Clownerien und Gesangstheater. Im ersten Teil gab es richtiges Varieté mit Excentriks und Equilibristen, und nach der Pause gab es ein Theaterstück zu sehen, das äußerst schwer zu bezeichnen war, ein Mischmasch aus Berliner Volksstück, Operettenpotpourri und großen Komikerauftritten«[103], schrieb Walter Kiaulehn.

Das »Apollo-Theater« befand sich im Hof der Friedrichstraße 218, zwischen Koch- und Hedemannstraße im heutigen Kreuzberg, und war vor dem Ersten Weltkrieg einer der beliebtesten Tempel der leichten Muse in Berlin. Besonderen Anteil daran hatte der Komponist und Kapellmeister Paul Lincke, der dem »Apollo« im Mai 1899 einen – heute noch gespielten – Erfolg bescherte: mit dem Stück »Frau Luna«, einer »burlesk-phantastischen Ausstattungsoperette«. Die Handlung war simpel zusammengestrickt: Ein Mechaniker bastelt einen Ballon, der

Werbeplakat für das Apollo-Theater, 1899.

74

mondflugtauglich werden soll, und legt sich schlafen … Traum oder Wirklichkeit? Es beginnt eine Reise zum Mond, zum Palast der Frau Luna, die sich hocherfreut über den Besuch aus Berlin zeigt. Weniger der Inhalt des Stücks als die Einprägsamkeit der Melodien machte die Operette zum Volksstück, das jahrelang ununterbrochen auf dem Spielplan stand; die Lincke-Melodien »Schenk mir doch ein kleines bißchen Liebe, Liebe« und »Das macht die Berliner Luft, Luft, Luft« waren bald überall zu hören. »Frau Luna« steht am Anfang der »Berliner Operette«, ein Genre, das Komponisten wie Holländer, Kollo, Nelson und natürlich Lincke über etliche Jahre bedienten. Paul Lincke übrigens wechselte an andere Häuser, und das »Apollo« verlor bis zum Ersten Weltkrieg an Glanz.

Geprägt hatte das Theater die sogenannten »Rundumrevuen«, bei denen die Handlung eher nebensächlich war – Hauptsache, die Musik stimmte. Die »Rundumrevuen« erfreuten sich großer Beliebtheit, obwohl oder vielleicht auch weil es so gut wie keine Handlung gab, sondern lediglich ein Motto. Das lautete beispielsweise »Rund um den Neptunsbrunnen«. Das Publikum im »Apollo« amüsierte sich sich über das Stück, in dem Neptun von seinem Brunnen steigt und einen nächtlichen Streifzug durch Berlin unternimmt – nicht mehr und nicht weniger. Ein Mann namens Richard Schultz baute das Genre aus zur »Berliner Revue«: Texte erstklassiger Librettisten, Musik vorzugsweise von Paul Lincke, herausgeputztes Ballett und hervorragende Komiker wie Guido Thielscher, und dazu Revue-Stars wie Fritzi Massary oder Josef Giampetro. Titel der ersten Revue dieser Art: »Das muß man sehen!«

»Gestützt auf das Prinzip, nur das modernste und fröhlichste Welt- und Großstadtleben zu verkörpern … und sein Theater zu einem beachtenswerten Faktor im Reich des heiteren Lebens (zu machen), hat Dir. Schulz das frühere ›Theater Unter den Linden‹ übernommen, dem er den stolzen Namen ›Metropol-Theater‹ gab, in dem Bestreben, dies vornehme Theater zur Metropole des Vergnügens zu machen«, hieß es 1913 in einem Programmheft des am 3. September 1898 gegründeten Metropol-Theaters

Der Admiralspalast begeisterte noch 1939 mit »Frau Luna« das Publikum.

in der Behrenstraße, das sich der Operette und der »Berliner Revue« verpflichtet fühlte.

Auch noch nach dem Ersten Weltkrieg wurden Revuen gespielt, ja in den zwanziger Jahren erlebten sie noch einmal eine neue Blütezeit, woran die »Komische Oper« in der Friedrichstraße 104, an der Weidendammer Brücke, nicht unerheblichen Einfluß hatte. Ab 1921 gelang es James Klein, den bis dahin nicht sonderlich erfolgreichen Theaterstandort mit spektakulären Revuen und Operetten in die Schlagzeilen zu bringen und sich gegen die Konkurrenz in der Nachbarschaft – den »Wintergarten«, das Große Schauspielhaus und das »Metropol« – zu behaupten. Kleins dritte Inszenierung, die Ausstattungs-Revue »Europa spricht davon«, wurde zum Kassenschlager und ein gutes Jahr lang gespielt. Klein hatte einen Hang zum Nudismus, und seine Stücke wurden von Scharen spärlichst bekleideter Revue-Girls bevölkert. Als 1926 der Konkurs der Komischen Oper eingeleitet wurde, inszenierte er als Abschiedsvorstellung »Berlin ohne Hemd«, die Beschreibung eines Ruins: »Der Gerichtsvollzieher hat jetzt alle Hände voll zu tun. Ganz zuletzt dann versetzt man die Hose und den Rock.«

Auch der Admiralspalast, direkt am Bahnhof Friedrichstraße gelegen, wollte am Boom der leichten Muse teilhaben. 1922 erfolgte der Umbau seiner im Hof gelegenen Eislaufbahn zum Theaterspielort. Der Bühne fehlte es durch diesen nachträglichen Einbau, der sich an die räumlichen Gegebenheiten anpassen mußte, an Tiefe, außerdem gab es keine Seitenbühnen. Dem Publikumszuspruch tat das keinen Abbruch; Paul Lincke war hier noch in den dreißiger Jahren ein Zugpferd, seine »Frau Luna« lief als Lincke-Revue mit großem Erfolg im Theater im Admiralspalast.

Selbst das Große Schauspielhaus wandelte sich zur Bühne für Revuen: Der 1919 umgebaute Zirkus Schumann, der bis 1924 Schauspielhaus unter Max Reinhardt war, wurde 1924 von dem ehemaligen Tänzer Eric Charell übernommen. Charell beeinflußte mit seinen Inszenierungen maßgeblich den Stil der deutschen Revuen in den zwanziger Jahren. Zu seinen großen Erfolgen zählten die Welturaufführung von »Im Weißen Rössl« und die Berliner Erstaufführung von George Gershwins »Rhapsody in blue«, bis seine Ära 1930 endete. Das Schauspielhaus

wurde zum Friedrichstadtpalast, das Gebäude 1985 abgerissen.

Um 1900 boomte in Berlin das Kabarett nach Pariser Vorbild, auf unterschiedlichem Niveau und mit vielerlei Schattierungen. Es war die Zeit vieler Kleinkunstbühnen. Wer nach Theater oder Operette noch nicht nach Hause wollte, ging kurz vor Mitternacht noch ins Kabarett. »Die zwei bekanntesten Kabaretts in Berlin waren damals das Chat Noir, Friedrich-, Ecke Behrenstraße, in den Räumen von Castans Panoptikum, und das Linden-Kabarett, in dem nach dem Kriege der Türke Soliman das Direktionszepter führte.«[104] Das »Chat Noir« in der »Kaisergalerie« gehörte Rudolf Nelson. Nelson war bereits durch kleinere Künstlerkabaretts getingelt, ehe er sich den Aufbau und die Leitung eines eigenen zur Aufgabe machte und 1905 im Obergeschoß der Passage seine Bühne eröffnete. In Paris eine der populärsten Nachtbühnen, sollte der Name »Chat Noir« für Berlin ein gutes Omen sein. Nelson steuerte als Musiker und Komponist einen nicht unerheblichen Beitrag zum Gelingen bei, denn die Chanson-Texte wollten gut vertont sein. Zu seinen Stars zählten neben Käthe Erlholz, Gussy Holl und Trude Voigt auch Lucie Berber, die Mutter der berühmten Tänzerin Anita Berber. Und Nelson holte aus Wien den kleinen Kabarettisten Fritz Grünbaum, der einer der bekanntesten Conférenciers in Berlin werden sollte.

Das »Chat Noir« hatte in der Passage zweifellos einen günstigen Standort. Die West-City, in die später die Intellektuellen und Künstler abwanderten und wohin sich ab den zwanziger Jahren auch die Kabarettszene verlagerte, befand sich zu dieser Zeit noch im Aufbau. Noch liefen im alten Zentrum die Fäden der Unterhaltungsbranche zusammen, und die Friedrichstraße spielte dabei die führende Rolle. Wer hier ein Star war, hatte sich in Berlin durchgesetzt.

Star des »Linden-Cabarets« war Ruhrpott-»Berlinerin« Claire Waldoff. Im Obergeschoß der »Kaisergalerie«-Passage untergebracht, übernahm hier Rudolf Nelsons Bruder Hugo Leonard die Rolle des musikalischen Leiters und begleitete seine freche Diseuse am Flügel.

Das »Café Monopol« am Bahnhof Friedrichstraße war Treffpunkt einer Gruppe von Künstlern, die sich schließlich zur Unterhaltungstruppe »Brille« zusammentaten.

Zu ihnen zählten die Schauspieler Friedrich Kayßler und Max Reinhardt sowie der Regisseur Dr. Martin Zickel. Im Künstlerhaus Bellevuestraße 3 unterhielten sie Silvester 1900 ein sich köstlich amüsierendes Publikum mit Ulknummern und Parodien. Der »heitere Künstlerabend« erlebte schließlich im Januar 1901 eine öffentliche Aufführung unter dem Motto »Schall & Rauch«, der weitere Auftritte und sogar eine kleine Tournee folgen sollten. Im Herbst desselben Jahres schufen sich Mitglieder der Gruppe eine feste Bühne Unter den Linden 44. Der Kabarettcharakter verlor sich schnell, es entstand eine wichtige Theaterspielstätte unter dem Einfluß von Max Reinhardt, dem späteren Intendanten des Deutschen Theaters.

Nahe der Friedrichstraße wurde im Keller des Großen Schauspielhauses am 28. Dezember 1919 unter Leitung von Hans von Wolzogen ein neues »Schall & Rauch« eröffnet, für das u. a. Walter Mehring, Klabund und Kurt Tucholsky Texte schrieben.

Bekanntester Vergnügungsort Berlins war der »Wintergarten« im »Central-Hotel« an der Friedrichstraße. Der Ruf des noblen Hotels war frei von jeder unehrenhaften Spekulation, was den »Wintergarten« auch für die gehobenen Kreise zu einer gern besuchten Adresse machte. »Das vornehmste Varieté von Berlin war jedoch unbestritten der ›Wintergarten‹ … als eine Mischung von Kabarett und Zirkus geführt, und diese Art erwies sich fünfzig Jahre

Eine vornehme Adresse: das Varieté Wintergarten mit dem berühmten Sternenhimmel.

lang als ein großer Erfolg. Das Kabarett konnte noch nicht und der Zirkus nicht mehr leben, also trafen sich die Matadore aus Zirkus und Kabarett auf der Bühne des Varietés ... Für die Trapezkünstler, Jongleure, Zauberer und Parterreakrobaten war es viel verlockender, im Varieté zu arbeiten, es konnte höhere Gagen bieten, und man brauchte die Unbequemlichkeit des Wohnwagens nicht auf sich zu nehmen. Die Witzigkeit der Clowns mischte sich zudem wunderbar mit den Künsten des Kabaretts und der Operette. Die Gesänge der großen Diseusen und die Couplets der volkstümlichen Humoristen, die Todesverachtung der fliegenden Trapezmenschen, die Schönheitstänzerinnen aus Paris, dies alles klang im ›Wintergarten‹ zu einer wunderbaren Stimmung zusammen«, resümierte Walter Kiaulehn.[105]

Zu den beliebten »Wintergarten«-Gastspielattraktionen zählte in den neunziger Jahren des ausgehenden Jahrhunderts die britische Girlgroup »Barrison Sisters«. Alfred Kerr in seinen »Briefen aus der Hauptstadt«: »Die Barrisons treten bekanntlich seit mehreren Monaten im Wintergarten auf. (...) Die Menschheit strömt in den Wintergarten; die Fünfmarkplätze auf der Estrade sind von westlichen Damen begehrt, die genauso sorgfältig erzogen und so begütert sind, als es die armen geschminkten Fräuleins auf den Plätzen tiefer unten nicht sind. Man spendet den Barrisons begeisterten Beifall ... Und die Riesenplakate mit der Inschrift ›Man muß die Barrisons gesehen haben!‹ scheinen aus dem Herzen der Hörer zu sprechen. Des Pudels Kern bei all dem Lärmen sind fünf junge Damen von mäßig angenehmem Äußeren. Alle gleichmäßig blond vermöge ihrer aufgestülpten Perükken; darüber kokette Kapotten. (...)

Sie benehmen sich absichtlich wie Kinder und haben nicht das Bestreben, dem Publikum die zierliche Beschaffenheit ihrer Unterkleider zu verbergen. Hierauf beruht sicherlich ein Teil ihrer Wirkung. (...) Der Reichstag ist, ohne Blasphemie zu reden, neben den Barrisons die größte Sensation dieser Wochen. Jeder Fremde, der nach Berlin kommt, sieht sich diese beiden Dinge jetzt an. Sie sind beide so aktuell. Auf den Tribünen wimmelt es von Herrschaften mit umgehängten Reisetäschchen, ganz wie sich im Wintergarten die Kleidung mit dem bekannten Provinzschnitt bemerkbar macht.«[106]

Die Unterpflasterbahn

Walter Mehring sprach in seinem satirischen Vortrag als »2. Schriftführer der Fahrgast-Interessengemeinschaft der Autobuslinie I«: »Meine Damen und Herren, wer sonst verleiht dieser Straße ihr festliches, ihr imposantes Großstadtaussehen, wenn nicht wir alten Fahrstammgäste, die sich in stundenlangem Warten den Engpaß der Verkehrsthermopylen erkämpfen! Meine Damen und Herren, die Stunde der Vergeltung naht! Ich bitte um eine Resolution an den hohen Völkerbund, daß unser Aboag I jeden Donnerstag und Sonnabend von 13 bis 15 Uhr 30 Minuten, also in der Durchfahrtszeit des Abschnitts Friedrichstraße, für unsere Vereinszwecke reserviert bleibt! (...) Wir haben uns ein Ziel gesetzt, ... wir verlangen unsere Sitze, und wenn wir sie nicht kriegen, gehen wir solange in den Reichstag.«[107]

Wintergarten-Attraktion »Barrison Sisters«.

Schon seit der Jahrhundertwende drohte der innerstädtische Verkehr zu kollabieren. Über Jahre hinweg ging es darum, Mittel und Wege zu finden, die innerstädtischen Verkehrsströme noch stärker von den Straßen weg zu verlagern. Dazu waren auch neue Antriebsmöglichkeiten für Fahrzeuge vonnöten.

Werner Siemens galt zu seiner Zeit als ein rastloser Kämpfer für strombetriebene Verkehrsmittel. Seiner schmalspurigen elektrischen Rundbahn auf der Berliner Gewerbeausstellung von 1879 folgte im Mai 1881 die »Elektrische Eisenbahn« in Lichterfelde, die erste elektrische Straßenbahn der Welt. Der Siegeszug der pferdelosen Straßenbahn fand Ende des Jahres 1902 in der voll-

ständigen Elektrifizierung der Großen Berliner Stadtbahn seinen Abschluß. Es fuhren auch Linien auf der Friedrichstraße zwischen Oranienburger Tor und Weidendammer Brücke, im Süden unterhalb der Leipziger Straße zum Belle-Alliance-Platz. Die Straßenbahn, die im Zehn-Minuten-Takt verkehrte, war das Verkehrsmittel, das das höchste Fahrgastaufkommen zu verzeichnen hatte.

Schon 1880 legte Werner Siemens dem Polizeipräsidium und den städtischen Behörden ein Konzessionsgesuch für eine strombetriebene Bahn vor, die hoch über den Bürgersteigkanten in beide Richtungen die Friedrichstraße entlangfahren sollte. Vier Meter fünfzig von den Häuserfluchten entfernt, wollte Siemens diese »Hochbahn«

Verkehrszählung 1892: 18.071 Wagen und 117.869 Passanten in 16 Stunden
an der Kreuzung Unter den Linden/Friedrichstraße, hier auf einem Foto von 1908.

auf eisernen Säulen verkehren lassen, die, fest im Boden verankert, an der Kante der Bürgersteige sitzen sollten. Die Behörden lehnten das Gesuch ab. Siemens gab nicht auf und legte einen neuen Entwurf vor, diesmal für die Leipziger Straße und mit einem Verweis auf die in New York bereits existierende Hochbahn. Berlin hatte die Millionen-Einwohnergrenze überschritten, war eine Großstadt, eine Metropole geworden, doch den städtischen Beamten schien die Zeit nicht reif für ein solches luftiges Verkehrssystem. Zehn Jahre später unternahm Siemens den nächsten Versuch, die Stadt von seinem Konzept zu überzeugen. Nun war es bereits ein Schnellbahnsystem, das er entworfen hatte, das sich nicht auf eine Trasse be-

schränkte, sondern neben der Hochbahn auch Teilabschnitte als »Unterpflasterbahn« vorsah. Diese »Unterpflasterbahn« stellte sich Siemens als ein elektrisches Bahnsystem vor, das direkt unter der Straßenkrone in einem rechteckigen Kasten fahren sollte. Nach eben diesem Konzept wurden später die U-Bahnstrecken in der Stadt angelegt.

Mit seinem Tatendrang stand Siemens jedoch nicht lange alleine da, denn mit Konzepten für ein effektives Nahverkehrssystem ließ sich durchaus Geld und Ruhm erlangen. 1894 wartete die Allgemeine Elektrizitäts-Gesellschaft (AEG) mit dem Vorschlag auf, an der Kreuzung Leipziger und Friedrichstraße zwei sich schneidende Ver-

Baustelle der Unterpflasterbahn Unter den Linden/Friedrichstraße, um 1917.
Die Nord-Süd-Bahn wurde nach Plänen von Siemens & Halske angelegt.

kehrslinien eines Röhrenbahnnetzes unter der Erde zu etablieren. Dabei sollte sowohl die so entstehende Ost-West-, als auch die Nord-Süd-Strecke an ihrem Ende jeweils eine Wendeschleife erhalten, um ohne komplizierte Rangiermanöver eine dichte Fahrzeugfrequenz zu ermöglichen. Komplettiert werden sollte das AEG-Verkehrssystem durch einen kleineren, die beiden Linien kreuzenden inneren Ring sowie durch einen ebenfalls kreuzenden, größeren Außenring. Diese Röhrenbahn sollte gut zehn Meter unter der Erde verlaufen; jede Röhre sollte 2,80 Meter breit und 3 Meter hoch sein, die Spurbreite lediglich einen Meter betragen.

Die Nord-Süd-Linie plante die AEG unter der Chaussee- und der Friedrichstraße, aber diese Variante wurde ebensowenig wie der Siemens-Vorschlag realisiert. Am Ende des 19. Jahrhunderts kam die Stadt Berlin selbst auf den Geschmack, unabhängig von Großunternehmen eigene Schnellbahnlinien einzurichten, was ihr jedoch zunächst noch nicht gelang.

1902 wurde die erste »elektrische Hoch- und Untergrundbahn« eröffnet, ein gemeinsames Projekt der Firma Siemens & Halske mit der Deutschen Bank. Die Strecke vom S-Bahnhof Warschauer Straße führte vom Gleisdreieck zum Potsdamer Platz. Die südliche Friedrichstadt – und damit auch die Friedrichstraße – verfügte somit über eine schnelle, moderne Verkehrsanbindung durch den Hochbahnhof Hallesches Tor am Belle-Alliance-Platz.

Zehn Jahre später konnte die Stadtgemeinde Berlins eigene Ziele angehen. Die Landespolizei hatte die Genehmigung einer Strecke von der Seestraße über Chaussee- und Friedrich- zur Belle-Alliance-Straße erteilt. Die Arbeiten an dieser Nord-Süd-Bahn begannen noch 1912, erfuhren aber durch den Ersten Weltkrieg erhebliche zeitliche Verzögerungen. Letztlich kam hier die von Siemens

U-Bahnhof Stadtmitte. Hinter dem Untergrundbahnschild eine Filiale der Mampe-Stuben.

favorisierte Variante der »Unterpflasterbahn«, die direkt unter der Straßenkrone fahrende Schnellbahn, zum Zuge. Um sich aber unabhängig vom Netz der von Siemens und Deutscher Bank gegründeten Hochbahngesellschaft zu machen, setzte die Stadtgemeinde beim Bau der U-Bahntrassen auf die sogenannten Großprofilwagen. Das Großprofil wies dieselbe Spurbreite auf wie die Kleinprofilwagen der Hochbahngesellschaft, hatte aber einen breiteren Wagenkasten. In Kleinprofilwagen sitzen die Fahrgäste aufgereiht nebeneinander entlang des Ganges, die Fenster hinter sich, beim Großprofil in Vier-Personen-Abteilen links und rechts des Ganges.

Noch vor 1920 wollte die zu dieser Zeit noch nicht eingemeindete Stadt Neukölln ihr Interesse an einer Verlängerung der Nord-Süd-Bahn ebenfalls berücksichtigt wissen. Ein Vertrag regelte die Fortführung vom Halleschen Tor über den Umsteigebahnhof Belle-Alliance-Straße, dem heutigen Mehringdamm. Die Bauarbeiten begannen auf Neuköllner Seite 1919. Der Erste Weltkrieg und die schwierige wirtschaftliche Situation in den Jahren nach dem Krieg brachten das gesamte U-Bahnvorhaben jedoch wieder und wieder ins Stocken. Die Stadt Berlin gründete schließlich 1922 die stadteigene Nordsüdbahn AG, um Fertigstellung und Betrieb zu gewährleisten. Am 30. Januar 1923 wurde auf dem 3,7 Kilometer langen Abschnitt zwischen Stettiner Bahnhof und Hallesches Tor tatsächlich der Verkehr aufgenommen; am 8. März folgte der nördliche Abschnitt bis zum U-Bahnhof Seestraße.

Die Attraktivität der Nord-Süd-Bahn erhöhte sich durch die etappenweise nach 1924 eröffnete Verlängerung nach Neukölln bzw. nach 1926 ins Tempelhofer Siedlungsgebiet, was den direkten Anschluß zum Flughafen Tempelhof von der Friedrichstraße aus bedeutete.

Die Friedrichstraße verfügte in den zwanziger Jahren durch die U-Bahn über eine Vielzahl von Linienkreuzungen und damit Umsteigemöglichkeiten: im Norden zur Ringbahn, an der U-Bahnstation Stettiner Bahnhof (heute Zinnowitzer Straße) ein Übergang zum Fernverkehr, am Bahnhof Friedrichstraße zur Stadt- und Fernbahn, am Bahnhof Stadtmitte zur heutigen U 2, aus dem U-Bahnhof Hallesches Tor zur Hochbahn, an einer gleichnamigen Station zum Flughafen Tempelhof und im Süden wiederum zur Ringbahn. Der Abzweig nach Neukölln ermöglichte den Übergang zur heutigen U 8. Die Fahrgastzahlen nahmen rasch Dimensionen an, und die Züge der Nord-Süd-Bahn (der heutigen U 6) wurden aus vier Wagen zusammengekoppelt. Auf der Stammstrecke der 1902 eröffneten Hochbahn fuhren zunächst nur drei Wagen als ein U-Bahnzug. Aus dem als ausgesprochen nobel geltenden Verkehrsmittel wurde rasch ein Massenverkehrsmittel, so daß neben den Zügen bald auch die Bahnsteige verlängert werden mußten.

Wo die Bilder laufen lernten

»Der Platz an der Friedrichstraße, aus der Ferne und leicht von oben gesehen: Der Zirkus wird abgebaut. Von dem Zelt stehen nur noch die vier großen Stützen.«[108] Auf einer Stadtbrache an der südlichen Friedrichstraße drehte Wim Wenders in den achtziger Jahren Szenen seines Films »Der Himmel über Berlin«. Einer der beiden Engel Damiel und Cassiel, die Menschen in der geteilten Stadt begleiten, verliebt sich in die Artistin des Zirkus, der wegen Zahlungsunfähigkeit schon früh ins Winterquartier geht und seine Zelte an der Friedrichstraße abbricht.

Der Drehort am heutigen Theodor-Wolff-Park greift nicht auf den Mythos vergangener Zeiten zurück, die Szene hätte auch auf jeder anderen unbebauten Freifläche nahe der Berliner Mauer gedreht werden können. Der Regisseur will nicht an die Friedrichstraße erinnern. Dabei ist die Geschichte des deutschen Films doch eng mit ihr verbunden.

Siegfried Kracauer 1932: »Gegen Mittag in der südlichen Friedrichstadt. Obwohl sich die Straße vom Belle-Alliance-Platz aus ... schnurgerade bis zum Bahnhof Friedrichstraße hinzieht, spürt man doch in diesem Teil ihre Akkuratesse nur wenig. Sie ist hier eher verschlampt und steckt voller kleiner, ärmlicher Lädchen, die einen durchaus provisorischen Eindruck machen. ... Wahrscheinlich hängt mit der Tatsache, daß diese Gegend die Wahlheimat der Filmbranche ist, die erstaunliche Häufigkeit photographischer Geschäfte zusammen. Sie behaupten allerdings nicht allein das Feld, sondern müssen immer wieder die Nachbarschaft von Rundfunklädchen erdulden. Vermutlich erklärt sich ihre Anwesenheit daraus, daß Auge und Ohr einander verschwistert sind.«[109]

Ende der zwanziger Jahre wimmelte es in der Friedrichstraße förmlich vor lauter Filmfirmen. Für die Rubrik Film-Fabrikations-Vertrieb waren 21 von 30 in Berlin ansässigen Firmen in der Friedrichstraße registriert. Allein im Geschäftshaus Friedrichstraße 225 saßen vier, außerdem eine »Kinematographie Kopieranstalt«. 1935 waren in diesem Gebäudekomplex der Eigentümerin »Friedrichshaus GmbH« von 25 Mietern elf aus der Filmbranche, darunter auch die deutsche Niederlassung der Metro Goldwyn Mayer.

Zehn Jahre zuvor hatte sich in der Friedrichstraße 235 ein tragisches Unglück ereignet. »Eine schwere Explosion, die nach bisheriger Festellung den Tod von 15 Personen zur Folge hatte, während 27 Personen verletzt wurden,

hat sich heute vormittag um ¾ 11 Uhr im Hause Friedrichstraße 235, dicht an der Hedemannstraße, ereignet. Dort, in der Friedrich-Wilhelm-Passage, hat die Bioskop-Filmverleih G. m. b. H. die erste Etage des Vorderhauses zu Fabrikzwecken gemietet. Es sind hier gegen 60 Personen beschäftigt. Kurz vor 11 Uhr erfolgte in einem Filmraum die Explosion, die eine wilde Panik unter dem Fabrikpersonal hervorrief. Stichflammen schlugen aus allen Fenstern bis zur Dachhöhe empor. ... Sämtliche Räume des vier Stockwerke hohen Geschäftshauses sind vollständig ausgebrannt.«[110] Die Ursache für Explosion und Brand konnte nicht geklärt werden. Der Bioskop-Filmverleih erholte sich nicht von diesem Schaden und mußte Konkurs anmelden. Auch den Gebäudeeigentümer ruinierte das Unglück, er mußte sein Haus verkaufen. Die Friedrichstraße 235 existiert heute nicht einmal mehr als Hausnummer.

Das Tobis-Filmhaus am Bahnhof Friedrichstraße 1939.

Am Platz des Gebäudes, in dessen Hof sich einmal das Gartenhaus von Chamisso befand, steht heute ein Neubau.

Und die Kinos? An der Friedrichstraße 218 erinnert eine Berliner Gedenktafel: »Am 29. April 1926 begann im ›Apollo‹ mit der deutschen Erstaufführung von Sergej Eisensteins ›Panzerkreuzer Potemkin‹ der Siegeslauf eines Films.« Ein Jahr zuvor produziert, lief der sowjetische Film nun in Berlin, einer der wichtigsten Exilstädte nach der Revolution geflohener Russen.

Eisensteins Meisterwerk wurde in keinem Kino der Friedrichstraße gezeigt, im Apollo-Theater hatten einst Varieté, Revue und Operette dominiert. Doch schon 1879 begann in diesem Theater die Kinogeschichte, zunächst in einer Mischung von Variéte-Nummern und Filmvorführung. »Am 18. November 1879 hielt mein Vater zum ersten Mal einen wissenschaftlichen Vortrag in der Berliner Flora, dem späteren Apollo-Theater, in der Friedrichstraße. Hier bediente ich den großen Doppelprojektor, der die zu dem Vortrag notwendigen Lichtbilder riesengroß auf die Leinwand warf. Irgendwie verfolgte mich die Sehnsucht, die bisherigen starren Projektionsbilder mit Leben zu erfüllen. ... Ich war meines Wissens der erste, der zur Projektion komprimierten Sauerstoff verwendete. Zur Überblendung meiner Bilder benutzte ich einen eigenartigen Hahn in der Zuleitung des Gases. Im Volksmund hießen solche Bilder ›Nebelbilder‹.«[111]

Vater und Söhne Skladanowsky zogen mit ihren »Nebelbild-Vorführungen« durch die Städte. Max Skladanowsky entwickelte die Vorführtechnik weiter, worauf die Betreiber des Wintergarten-Varietés im Central-Hotel an der Friedrichstraße aufmerksam wurden, die immer auf der Suche nach Attraktionen waren. In der Wintergarten-Vorschau für November 1895 hieß es: »Neues Programm. 12 Debuts.« Die auffälligste Hervorhebung: »Neu! Das Bioskop. Neu! Die interessanteste Erfindung der Neuzeit.« Das Bioskop ließ sich der Erfinder im Deutschen Reichspatentamt unter der Nummer 88.599 registrieren: »Auf Grund der angehefteten Patentschrift ist durch Beschluß des Kaiserlichen Patentamtes an Max Skladanowsky, Nebelbilderdarsteller, in Pankow b/Berlin ein Patent erteilt worden. Gegenstand des Patentes ist: Vorrichtung zum intermittirenden Vorwärtsbewegen

des Bildbandes für photographische Serien-Apparate und Bioskope. Anfang des Patentes: 1. November 1895.«[112]

Der 1. November fiel auf einen Freitag. Das neue »Wintergarten«-Programm neigte sich an diesem nicht an Höhepunkten armen Abend seinem Ende zu, als der Raum abgedunkelt wurde. Alles konzentrierte sich auf die kleine Seitenbühne, das »Große Wintergartenorchester« spielte die ersten Töne der »Introduktion«, der musikalischen Einleitung der letzten Nummer des Abends. Dem Vorspiel folgte eine Polka und damit der erste Film: Die Kinder Ploetz-Larella beim italienischen Bauerntanz, aufgenommen in Pankow im Mai 1895. In der weiteren Reihenfolge waren zu sehen: die Brothers Milton – Komisches Reck, der Jongleur Paul Petras, das boxende Kängeruh – Mister Delaware, die Gymnastikerfamilie Grunato, Kamarinskaja – Russischer Nationaltanz, getanzt von den 3 Tscherpanoffs, Ringkampf zwischen Grainer und Sandow. Der Abschlußfilm selbst stellte keinen akrobatischen Höhepunkt dar, in ihm verbeugten sich Max und Emil Skladanowsky per Leinwand vor dem Varietépublikum.

Die Leute gingen beeindruckt nach Hause. Emil und Max Skladanowsky kassierten 2.500 Reichsmark Gage für die vertragsmäßige Dauer der fünfzehnminütigen Vorführung mit ihrem Doppelprojektor, der nicht ununterbrochen lief, da das Neueinlegen der maximal 20 Sekunden langen Filme abgerechnet werden muß. »... in Lebensgröße werden ... Artisten in ihren Productionen, z. B. Jongleure, Ringer, Reckturner u.s.w. auf die Bühne gezaubert, daß man erstaunt«, schrieb Victor Happich über diesen Abend im »Artisten«. Er schließt mit dem Satz: »Die Piece ist unstreitig die amüsanteste des Abends, schade, daß sie am Schlusse des Programms zu finden ist.«[113]

Nach der Skladanowsky-Premiere traten Ende Dezember 1895 in Paris die Brüder Lumière mit ihrer Film-Vorführung an die Öffentlichkeit, die bald auch nach Berlin kommen sollte. Im Berliner Lokal-Anzeiger vom 3. Mai 1896 wurde angekündigt: »Lebende Photographien, dargestellt durch Cinematograph Lumière. Die Vorführungen finden täglich statt: Friedrichstraße 65 a, I., Ecke Mohrenstraße, um 11, 12, 1 Uhr, 4 bis 9 Uhr jede halbe Stunde. Das Programm wird häufig gewechselt.

Eintritt 50 Pfennig.« Auf derselben Seite die nächste Reklame für einen weiteren Kinemathograph in Unter den
Linden 21, betrieben von Oskar Messter. »Vor dem Jahre
1896 wußte ich nichts von »lebenden« Photographien. ...
Wenn ich mich entschloß, für die Versuche auf dem vollkommen fremden Gebiete Zeit und Geld zu opfern, so geschah dies, weil ich mir ein neues Fabrikationsgebiet für
meine Werkstätten erschließen wollte.«[114]

Oskar Messter hatte 27jährig die Firma seines Vaters,
die 1859 gegründete Firma »Ed. Messter. Optisches und
Mechanisches Institut« übernommen, Friedrichstraße
94/95 gegenüber dem Central-Hotel. Weil die Lumières
ihre Vorführtechnik geheimhielten, hatte Messter eine
eigene ausgetüftelt. Am 15. Juni 1896 verkaufte er seinen
ersten selbstproduzierten Filmprojektor und erschloß

sich mit der Herstellung kinotechnischer Geräte sein
»neues Fabrikationsgebiet«. Damit nicht genug, er übernahm den Kinematograph Unter den Linden am 21. September gleichen Jahres, und einen Monat später verkaufte
er die erste Filmkamera. Genau ein Jahr nach der Premiere
der Skladanowskys führte Messter im »Apollo-Theater«
eigene Filme vor, was zunehmend eine wichtige Einnah-
mequelle für sein Unternehmen werden sollte. Und im
»Apollo-Theater« erlebte das Publikum die erste Tonbild-
vorführung in Deutschland: am 29. August 1903 stellte
Messter an der Friedrichstraße 218 sein Biophon vor, wiederum als Bestandteil eines Varietéprogramms. Gezeigt
wurden Sänger auf Zelluloid, die Musik kam vom Gram-
mophon. Oskar Messter vervollkommnete die Tonbild-
unternehmung, indem er ganze Opern- und Operetten-

Auswirkung der Weltwirtschaftskrise: Geschäftsaufgabe 1931.

szenen aufnahm. Seine Filmfirma, die anfänglich im Hause Friedrichstraße 94 ihr Atelier hatte, verlegte er nach 1904 in Nr. 16, wo er Räume mit nach Süden geöffnetem Glasdach gefunden hatte – zur damaligen Zeit wurde hauptsächlich mit natürlichem Licht auf Dächern gefilmt. Später verlegte sich Messter auf die Herstellung »künstlerischer Filme« und seinen Star Henny Porten, der gemeinhin als erster Filmstar Deutschlands gilt. 1918 verkaufte er seinen Konzern mit Filmgesellschaften, Verleih und Werkstätten für über 5 Millionen Goldmark an die Universum Film AG. Sie hatte ihren Sitz in den zwanziger Jahren westlich der Friedrichstraße, Kochstraße 6–8, und betrieb ein Kino unter anderem in der Friedrichstraße 180.

Messter konnte nicht vom Filmgeschäft lassen. »Der Tonfilm lag ... in der Luft und ließ mich von dem Gedanken nicht freikommen, daß wir in Deutschland eine Tonfilmproduktion aufbauen müßten, bevor die Amerikaner diese ›Neuheit‹ nach Europa brachten.«[115] Am 30. August 1928 wurde er deshalb Mitbegründer der Tonbildsyndikat AG Tobis, da er die Ufa nicht für sein Projekt hatte interessieren können. Seine Patente konnte er durch die Messter-Filmton GmbH einbringen, er saß selbst im Aufsichtsrat und arbeitete in der Technischen Kommission als Vorsitzender. Zunächst in der Mauerstraße 43 beheimatet, nahm die Tonbild-Syndikat AG in der Budapester Straße 23 ihren Hauptsitz, kaufte aber der Bürohaus Monopol AG 1938 das Geschäftshaus in der Friedrichstraße 100 ab, wo ab 1939 die Tobis-Filmkunst GmbH ansässig war, am anderen Ende der Straße in Nr. 224 die Tobis-Magna-Filmproduktions GmbH.

Als Messter 1936 seine Autobiographie schrieb, existierten in der Friedrichstraße acht Kinos. Das »Aladin« und der »Weidenhof« nahmen sich mit weniger als 250 Plätzen eher bescheiden aus wie auch das »Fata Morgana« an der Ecke zur Dorotheenstraße, wo 124 Besucher Platz fanden. Im Süden hatte das »City« direkt an der Ecke Schützenstraße nicht viel mehr Plätze zu bieten, fast das doppelte das »Helios«. Das einzige Uraufführungstheater befand sich im ehemaligen Tucherhaus: das »Ufa Friedrichstraße« mit 723 Plätzen. Zur Kategorie »Bezirks-Erstaufführungstheater« gehörten das im Admiralspalast bespielte »Admirals-Kino« mit 523 Plätzen und das »Pas-

sage-Kino« für 445 Besucher in der Kaisergalerie, beide gut gelegen und deshalb gut besucht. Einen besonderen Standortvorteil besaß auch das »Franziskaner« am Bahnhof Friedrichstraße, das in einem Stadtbahnbogen 364 Kinozuschauer aufnehmen konnte. Oben fuhren die Züge in die Welt, unten liefen die Filme aus aller Welt.

Krieg und Teilung

Gewalt und Vertreibung

Am 14. September 1930 hatten 6,4 Millionen Wähler für die NSDAP gestimmt. Die nationalsozialistische Bewegung prägte immer mehr das Berliner Straßenbild. Der Wirtschaftsboykott gegen jüdische Geschäftsinhaber vom 1. April 1933, bei dem sich SA-Männer vor »jüdischen« Geschäften postierten und forderten: »Deutsche! Kauft nicht beim Juden!«, erwies sich als Auftakt für weitergehende Maßnahmen. Auf die wirtschaftliche folgte die persönliche Diskriminierung bis zur Bedrohung der leiblichen Existenz.

Die Gewaltexzesse hatten sich schon vor der Machtübernahme durch die Nationalsozialisten angekündigt. In der Nacht zum 1. August 1930 fielen Hakenkreuzler an der Ecke Unter den Linden/Friedrichstraße mit Schlagringen über Mitglieder des jüdischen Boxclubs Macaabi e. V. her und verletzten die Sportler schwer. Anschließend zog die Meute die Friedrichstraße hinunter, an der Ecke Leipziger Straße wurde ein Taxichauffeur bewußtlos geschlagen. Die Polizei tauchte erst auf, als die Angreifer verschwunden waren.

Im Berliner Verwaltungsbezirk Mitte waren annähernd 10 Prozent der Wohnbevölkerung jüdischer Herkunft, ein verhältnismäßig hoher Anteil im Vergleich zu anderen Stadtteilen. Deutlich spürbar war in der Fried-

Das Central-Hotel 1936. Im Varieté Wintergarten wurde auch unter nationalsozialistischer Herrschaft gespielt.

richstraße die Verdrängung der Juden aus Handel und öffentlichem Dienst, vor allem aber aus den selbständigen Berufen wie Anwalt oder Arzt. Mehr als 70 Anwälte jüdischer Herkunft waren 1933 mit ihren Kanzleien in der Friedrichstraße ansässig. Keiner von ihnen konnte nach 1938 noch seinen Beruf ausüben.

Zum Beispiel Dr. Arthur Starke, der eine Kanzlei in der Friedrichstraße 234 hatte. Diese mußte er, vermutlich aus wirtschaftlichen Gründen, aufgeben und in die eigene Wohnung verlegen. Dr. Arthur Levy aus der Friedrichstraße 208 war noch bis mindestens 1936 als Anwalt tätig, das Notariat war ihm bereits entzogen worden. Justizrat Dr. Karl Holländer, Friedrichstraße 65a, zugelassen am Berliner Kammergericht, gab seine Tätigkeit 1934 auf. Holländer versuchte, seine Zulassung zugunsten seines Sohnes zurückzugeben, als eine zahlenmäßige Beschränkung »jüdischer Anwälte« verordnet wurde. Die Behörden aber lehnten das Gesuch ab. Dr. Günther Loebinger, Friedrichstraße 182, war nach dem allgemeinen Berufsverbot für Juden noch als »Konsulent« tätig, als Rechtsberater mit eingeschränkten Befugnissen ausschließlich für jüdische Klienten. 1943 wurde Dr. Loebinger in das Sammellager in der Großen Hamburger Straße eingewiesen und von dort nach Theresienstadt deportiert. Er starb 1944 in Auschwitz.

Der Anwalt Dr. Hermann Eisner war verheiratet mit der Schauspielerin Camilla Spira, die vor allem durch ihre Rolle als Wirtin in der Operette »Im Weißen Rössl« im Großen Schauspielhaus bekannt geworden war. Das Schauspielhaus hatten die Nazis mittlerweile zum »Theater des Volkes« gemacht und ließen dort »deutsche« Stücke wie »Wallenstein« spielen. Eisners Kanzlei lag in der Friedrichstraße 85, er war Rechtsanwalt seit 1926 und Vorstandsmitglied des Engelhardt-Konzerns. Das Ehepaar galt als gutsituiert. 1938 verlor Eisner die Zulassung aus »rassischen Gründen« und mußte auch seinen Vorstandsposten aufgeben. Seine Frau konnte ihn schließlich zur Emigration überreden: »Er war so deutsch … ich versuchte ihm klarzumachen, daß keine Arbeitslager warteten, sondern der Tod.«[116] Er emigrierte in die Niederlande, wo ihn die Deutschen nach ihrem Einmarsch verhafteten. Hermann Eisner überlebte das Konzentrationslager Westerbork. Er kehrte nach Kriegsende nach Berlin zurück und erhielt 1947 die Wiederzulassung als Anwalt.

»Germania« in der Friedrichstadt

Heute von der Weidendammer Brücke die Nordspitze der Museumsinsel zu betrachten, ist ein leichtes. Bode- und Pergamon-Museum von der Friedrichstraße aus zu erreichen, ebenso. Hätten sich indes die Vorstellungen der Nationalsozialisten durchgesetzt, dann wäre die Museumsinsel in den späten dreißiger und frühen vierziger Jahren

Modell für ein geplantes »Germanisches Museum«.

rechts und links der Spree bis an die Weidendammer Brücke ausgedehnt worden. Am rechten Ufer sahen die Pläne der NS-Architekten drei gigantische Bauten vor. So wollte man an der Stelle des als Hohenzollernmuseum genutzten Monbijou-Schlößchens ein »Germanisches Museum« errichten, das bis zur Oranienburger Straße reichen sollte.

Daran hätte sich laut Planungsunterlagen in westlicher Richtung ein größeres Museum angeschlossen, das an der Uferstraße durch zwei mächtige Pylone geprägt und der Ägyptischen Sammlung vorbehalten sein sollte. Diesem wiederum wäre bis zur Friedrichstraße (nördlich begrenzt durch die Johannisstraße) das »Ostasiatische Museum«, mit einem hohen Eckturm an der Weidendammer Brücke, gefolgt.

Auch gegenüber, am anderen Spreeufer, wäre kein Stein auf dem anderen geblieben: Die Planung sah den gesamten Raum zwischen Stadtbahn, Friedrichstraße, Spree und Bode-Museum für ein gigantisches »Völkerkundemuseum« vor, dessen projektierte Größe sich kaum mit der Vielzahl und Vielfalt der Völker erklärt hätte.

Den Schwerpunkt der nationalsozialistischen Germania-Planungen bildete die Nord-Süd-Achse, ihr Zentrum der Spreebogen am Reichstagsgebäude. Von der dortigen, ca. 180.000 Menschen fassenden »Großen Halle des Volkes« sollten entlang des Schiffbauerdamms weitere große Blöcke über die bis zur Friedrichstraße reichende Friedrich-Wilhelm-Stadt »gepfropft« werden. Das heutige Berliner Ensemble mitsamt angrenzenden Altbauten wäre damit verschwunden. Der Zweite Weltkrieg ließ die Entwürfe von Hitlers Generalbaumeister Albert Speer bloße Pläne bleiben. Bis 1939 wurden lediglich vier neue Gebäude an der Friedrichstraße errichtet, die nicht Bestandteil des »Germania«-Projektes waren.

Einen dieser Neubauten schuf 1937 an der Nordwestecke zur Französischen Straße Fritz August Breuhaus de Groot: den Erweiterungsbau für die Reichs-Kredit-Gesellschaft. »Daß wir hier bauen, verdanken wir dem Führer!« hieß es auf einem Propagandaschild nach Abriß des Vorgängerbaus.

»Alles in allem ein mutiger Verzicht auf das Gewöhnliche und einer der wenigen gelungenen Versuche, auch dem Geschäftshaus den ihm gemäßen Ausdruck zu geben. Der lebendige Fugenschnitt der Plattenverkleidung verzichtet auf die Vortäuschung gewaltigen Quadermauerwerks und gesteht bescheiden ein, daß hier lediglich Plat-

»Daß wir hier bauen, verdanken wir dem Führer«: Baustelle der Reichs-Kredit-Gesellschaft, um 1934.

ten dem stählernen Tragwerk vorgehängt sind.« Eine Klimaanlage im Gebäude sorgte »unabhängig von der Fensterlüftung für wohlgekühlte und wohlbefeuchtete gereinigte Luft«[117], was als besonders wohltuend empfunden wurde, da draußen der lärmende und staubende Verkehr tobte. Dieser Bau in der Friedrichstraße Nr. 168 stand noch, wenn auch in der Nachkriegszeit verändert, bis er 1999 einem neuen Haus für den Beamtenbund weichen mußte.

Ein weiterer während der nationalsozialistischen Ära errichteter Bau an der Friedrichstraße war das »Haus der Schweiz«, in dem schweizerische Firmen ihre Niederlassungen hatten. Dieses Eckhaus zu den Linden ist geschmückt mit einer Bronzefigur mit Armbrust und Apfel – ein Verweis auf die Nationalheldensage Wilhelm Tells.

Arkaden nahmen nicht nur ein gestalterisches Element bereits existierender, älterer Nachbarhäuser auf, sondern trugen mit Kolonnaden vor dem Erdgeschoß der

an der Friedrichstraße immer wieder geforderten Verbreiterung des Fahrdamms Rechnung. Das vom Architekten Meier-Appenzell stammende Geschäftshaus aus dem Jahre 1934 ist heute das älteste an der inzwischen mehr als 350 Jahre bestehenden Straßenkreuzung Unter den Linden / Friedrichstraße.

Der wohl auffälligste Neubau aus der Nazizeit aber war das »Gau-Arbeitsamt«. Das Gebäude steht noch heute und reicht von der Friedrich- bis zur Charlottenstraße. Hans Fritsche und Friedrich Löhbach schufen von 1938 bis 1940 den diesen Straßenabschnitt beherrschenden Komplex, der aus einem achtgeschossigen Hochhausturm sowie sechsgeschossigen Seitenflügeln besteht. Als der Zweite Weltkrieg schon ein halbes Jahr andauerte, ernannte Hitler seinen »Generalinspektor für das deutsche Straßenwesen«, Fritz Todt, am 17. März 1940 zum Minister für Bewaffnung und Munition. Wegen des Raumbedarfs dieses neuen Ministeriums wurde der Bau an der

Das Haus der Schweiz, hier auf einem Foto von 1936; heute das älteste Gebäude an der Kreuzung Friedrichstraße/Unter den Linden.

Friedrichstraße nicht, wie vorgesehen, »Gau-Arbeitsamt«, sondern Todt zur Verfügung gestellt. Bei dieser kurzfristigen Lösung blieb es bis zum Ende des Krieges. Erst 1952 wurde das Gebäude Arbeitsamt.

Die veränderten politischen Zeiten spiegelten sich nach und nach auch in den Mietern und Nutzern der Gebäude wider: Das Deutsche Sprachpflegeamt, die Reichsschrifttumkammer sowie die Reichssachenschaft für das Dolmetscherwesen in der Deutschen Rechtsfront ließen sich allesamt an der Friedrichstraße 194–199 nieder, einem Bau aus der frühen Ära des Nationalsozialismus, »Haus Friedrichstadt« genannt. Dieses Gebäude steht auch heute noch.

Manches alteingesessen Unternehmen mußte im Zuge der nationalsozialistischen Rassenhetze gegen die jüdi-

sche Bevölkerung seinen angestammten Platz in der Friedrichstraße räumen. Eines von ihnen war die Wein- und Feinkosthandlung Kempinski & Co, die bis zur »Arisierung« ihr Feinkostgeschäft an der Ecke Krausenstraße führte. Unter dem zunehmenden politischen Druck sah sich die in »jüdischem Familienbesitz« befindliche Firma Kempinski & Co gezwungen, sein Unternehmen an eine Konkurrenzfirma zu verkaufen: an Aschinger. Nach dem Zweiten Weltkrieg versuchte Kempinski zwar, den ehemaligen Besitz zurückzuerhalten, doch wies die Aschinger Aktiengesellschaft die Behauptung zurück, es habe überhaupt jemals eine »Kempinski-Arisierung« gegeben: »Es wird nicht bestritten, daß die Inhaber der O.H.G. im Jahre 1937 aus Gründen des wirtschaftlichen Boykotts gegen jüdische Betriebe sich gezwungen sahen, ihr Unter-

Geplant als Gau-Arbeitsamt, genutzt von der Organisation Todt: das Landesarbeitsamt in der südlichen Friedrichstraße.

nehmen zu veräußern«, heißt es in den erhalten gebliebenen Akten. »Es trifft aber nicht zu, daß von der Aschinger A.-G. irgendwelcher Zwang oder eine Nötigung ausgeübt wurde. Die Inhaber der O. H. G. haben sich selbst an die Aschinger A.-G. gewandt und eine Übernahme vorgeschlagen. Die Übernahme- und Pachtverträge sind auf Grund von freundschaftlichen Verhandlungen zwischen der Geschäftsleitung der Aschinger A.-G. und den Inhabern der O. H. G. zustande gekommen.«[118]

Die Firma Aschinger allerdings konnte aus dieser höchst zweifelhaften Übernahme nur kurzfristig Kapital schlagen. Nach dem Zweiten Weltkrieg folgte der wirtschaftliche Zusammenbruch, von dem sich die einst so renommierte Gastronomiekette nicht mehr erholte. Der letzte Kempinski-Erbe bemühte sich nach dem Krieg, das

Unternehmen wieder aufzubauen. Er erhielt Gelder aus dem amerikanischen Wirtschaftshilfe-Fond des Marshallplans und konnte am Kurfürstendamm ein neues Hotel errichten, das aber schon 1953 verkauft wurde.

Damit endete die Berliner Geschichte des Familienbetriebes Kempinski, die einst in der Friedrichstraße begonnen hatte.

Flucht aus der Reichskanzlei

Als alles zuende war, als die russischen Truppen nach sechs Jahren Krieg auf die Machtzentralen in Berlin zurückten, spielten sich an der Friedrichstraße dramatische Szenen ab. In der Nacht vom 1. auf den 2. Mai 1945 sollen sich noch mehrere hundert Personen in Reichskanzlei

Auf Heimaturlaub. Soldat der Wehrmacht am Bahnhof Friedrichstraße, um 1942.

und »Führerbunker« an der Wilhelmstraße aufgehalten haben. Angesichts Adolf Hitlers Selbstmord und dem unaufhaltsamen Vorrücken der russischen Panzer beschloß eine Gruppe von SS-Männern, sich zum Bahnhof Friedrichstraße durchzuschlagen und von dort die Flucht zu versuchen.

Hitlers Fahrer, Erich Kempka, sagte bei seinem Verhör in den Nürnberger Prozessen aus: »Ich habe den Reichsleiter ... Martin Bormann in der Nacht vom 1. zum 2. Mai 1945 am Bahnhof Friedrichstraße, Weidendammer Brücke gesehen. Reichsleiter Bormann, der damalige Reichsleiter Bormann, frug mich, wie die allgemeine Lage am Bahnhof Friedrichstraße wäre. (...) Er frug, wie die Lage wäre, ob man dort am Bahnhof Friedrichstraße durchkommen könnte. Ich sagte ihm, daß es fast unmöglich wäre, da ein zu starker Abwehrkampf wäre. Er frug dann weiter, ob es

eventuell mit Panzern möglich wäre. Ich sagte ihm, daß es nur auf einen Versuch ankäme.«[119]

Kempka sagte weiter aus, daß Bormann bei dem Durchbruchsversuch auf der Friedrichstraße bei Beschuß durch eine Panzerfaust getroffen und ums Leben gekommen sei. Ob die Aussage der Wahrheit entsprach, konnte nicht geklärt werden. Verschiedene Augenzeugen und Quellen geben allerdings an, daß es den Versuch des Durchbruchs am Bahnhof Friedrichstraße gegeben hat. Verbürgt ist, daß mehrere Gruppen aus der Reichskanzlei durch die U-Bahnschächte die unterirdische Flucht antraten. »... als die Russen dem Bunker der Reichskanzlei ... schon ganz nahe gekommen waren, bin ich mit einer Gruppe von etwa 20 Personen (zum größten Teil Soldaten) unterirdisch aus einem Mauerausstieg der Reichskanzlei über den Wilhelmsplatz in den U-Bahneingang zum Kai-

Am Ende: Die Friedrichstraße im Frühjahr 1945. Rechts im Bild sind Wehrmachtsangehörige in Uniform zu erkennen.

serhof, von dort aus unterirdisch bis zur Friedrichstraße geflohen.«[120]

Die Zeugin Else Krueger gab bei den Nürnberger Prozessen weiter zu Protokoll: »Bei Erkundigungen, woher er käme, erklärte er in meiner Gegenwart, er sei mit Bormann und anderen weg mit dem Wagen über die Friedrichstraße. Es sei vermutlich alles tot, es habe Leichen in Mengen gegeben. Ich entnahm aus seinen Äußerungen, daß er glaubte, Bormann sei tot. Es scheint mir dies auch wahrscheinlich, weil nach den Erzählungen mir unbekannter Soldaten sämtliche nach der Flucht unserer Gruppe den Bunker verlassenden Personen unter heftiges russisches Feuer genommen wurden und angeblich auf der Weidendammer Brücke Hunderte von Toten liegenblieben.«[121]

In Schutt und Asche

Am Ende des Zweiten Weltkrieges war Berlin ein Trümmerfeld. Die Einwohnerzahl war von 4,3 Millionen im Jahr 1939 auf 2,8 Millionen gesunken. 50.000 Menschen in Berlin waren bei Bombenangriffen ums Leben gekommen. 600.000 Wohnungen waren zerstört, Wasser-, Gas- und Stromversorgung und das Verkehrsnetz größtenteils unterbrochen.

Berlin war schon bald eine geteilte Stadt. Für die ehemalige Hauptstadt des deutschen Reiches hatten die Alliierten der Anti-Hitler-Koalition zunächst eine gemeinsame Besatzung beschlossen. Aufgeteilt in vier Sektoren, erhielt die Stadt einen sogenannten Vier-Mächte-Status, der der jeweiligen Siegermacht in ihrem Sektor die alleinige Befehlsgewalt zubilligte. Die vier Stadtkomman-

Längste Ruinenstraße: die Friedrichstraße nach dem Zweiten Weltkrieg.

ten der Sektoren arbeiteten zusammen in einer »Allied Kommandatura«. Die gemeinsame Verwaltung war jedoch nicht von langer Dauer. Nach dem Ende der Vier-Mächte-Verwaltung im Juni 1948 schufen die Westalliierten eine eigene Kommandantur. Die Einführung einer neuen Währung in den unter westlicher Besatzung stehenden Teilen Deutschlands und Berlins führte zur Blockade West-Berlins durch die Sowjets. Aus der Grenze zum sowjetischen Sektor der Stadt wurde die Grenze zwischen zwei Systemen.

Die Sektorengrenze zerschnitt die Stadt, und sie zerschnitt die Friedrichstraße. Auf der Südseite der Zimmerstraße, in der Nähe des U-Bahnhofs Kochstraße, stießen West und Ost aneinander. Noch war die Grenzlinie un-

sichtbar, nur durch Hinweisschilder markiert. Seit 1920 hatte diese unsichtbare Grenzlinie die Friedrichstraße in einen zum Bezirk Mitte und einen zum Bezirk Kreuzberg gehörenden Teil unterschieden. 1961 schottete eine Mauer die zwei Stadthälften voneinander ab und teilte die Friedrichstraße am »Checkpoint Charlie«, einem Grenzübergang für Diplomaten und Alliierte. Der Bahnhof Friedrichstraße lag im sowjetischen Sektor. Die Grenzübergangsstelle im Bahnhof konnte vom Westteil der Stadt aus mit U-Bahn und S-Bahn erreicht werden.

Die Spaltung der Stadt war lange vor dem 13. August 1961 zementiert worden – mit zwei Stadtverordnetenversammlungen, zwei Bürgermeistern, zwei Währungen, zwei Staaten. 1949 wurde zunächst die Bundesrepublik

1. Mai 1949. Demonstrationszug vor dem Haus der Schweiz, Friedrichstraße/Unter den Linden.

Deutschland, kurz darauf die Deutsche Demokratische Republik gegründet. Vorausgegangen waren diesem Teilungsprozeß politische Weichenstellungen im sowjetischen Sektor Berlins, von denen eine nicht unwesentliche ihren Beginn an der Friedrichstraße hatte.

Politische Bühne

Am Donnerstag, dem 23. August 1945, gab das Orchester der Deutschen Staatsoper ihr Eröffnungskonzert im Admiralspalast an der Friedrichstraße. Das Königliche Opernhaus Unter den Linden war durch Bomben zerstört worden, der Admiralspalast, dessen Eislaufbahn 1922 zu

einem großen Theatersaal umgebaut worden war, bot sich als Ausweichspielstätte an.

Auch an politischen Inszenierungen im Admiralspalast sollte es in den nächsten Jahren nicht mangeln. Wilhelm Pieck, Vorsitzender der KPD, beging hier am 3. Januar 1946 seinen 70. Geburtstag. »Der notdürftig renovierte Admirals-Palast in der Friedrichstraße war festlich hergerichtet worden. Auf der Tribüne hatte man ein riesiges Ehrenpräsidium von vier oder fünf hintereinanderliegenden Sitzreihen aufgebaut. Es waren alle versammelt, die damals im politischen Leben eine Rolle spielten«, schilderte später Wolfgang Leonhardt die Feierstunde. »Auf dem Weg in den Saal traf ich Elli Winter, die Tochter Wilhelm Piecks. ›Wilhelm wird heute Ehrenbürger

Pschorr-Bräu, dann Sitz des SED-Kreisvorstands Mitte, später Haus der Demokratie: Friedrichstraße/Ecke Behrenstraße 1961.

der Stadt Berlin‹, flüsterte sie mir zu.« Der SPD-Politiker Otto Grotewohl schloß seine Glückwunschrede mit den Worten, es sei »etwas ... von Herzen Kommendes zu überreichen, nämlich dir, lieber Wilhelm Pieck, einen Händedruck, einen Händedruck der nicht nur für heute Bedeutung haben soll, sondern der einmal so lange währen soll, daß die Hände sich nicht mehr trennen.«[122]

Ein Händedruck von hohem Symbolcharakter, der sich schon kurze Zeit später wiederholte. Am 19. und 20. April 1946 traten im Theater am Schiffbauerdamm die Sozialdemokraten zu ihrem 40. Parteitag, im Deutschen Theater die Kommunisten zu ihrem 15. Parteitag zusammen. Bei den Sozialdemokraten allerdings war es nicht die gesamte Partei, sondern nur der – zahlenmäßig starke – Flügel, der ein Zusammengehen mit den Kommunisten befürwortete. Am 21. April trafen sich Delegierte beider Arbeiterparteien im Theater im Admiralspalast und funktionierten es zur politischen Bühne um.

Historischer Händedruck: Pieck (links) und Grotewohl 1946.

Nach einem musikalischen Vorspiel – der Ouvertüre zu Beethovens »Fidelio« – traten die zwei Hauptakteure vor ein paritätisch besetztes Präsidium und die Delegierten. Der Anlaß: die Gründung der Sozialistischen Einheitspartei Deutschlands. Von links betrat der 70jährige Kommunist Wilhelm Pieck, von rechts der 52jährige Sozialdemokrat Otto Grotewohl die Bühne. In der Mitte trafen sie zusammen und gaben sich die Hand – Symbol der Vereinigung beider Parteien und von nun an des Abzeichens der SED. Der kommunistische Funktionär Walter Ulbricht formulierte in seiner Parteitagsrede mit Entschiedenheit: »Mit dem heutigen Tage gibt es keine Sozialdemokraten und keine Kommunisten mehr, mit dem heutigen Tag gibt es nur noch Sozialisten ...«[123]

Die West-SPD zeigte sich nach dem Gründungsparteitag besonders angespornt, gegen die SED zu agieren, da sie der anfänglich demonstrativ zur Schau gestellten Parität zwischen SPD- und KPD-Parteivorstandsanteilen in der SED mißtraute. Die Geschichte gab ihr Recht: Fast die Hälfte der Teilnehmer des 1. Parteitages der SED fielen als ehemalige SPD-Vertreter in den folgenden Jahren politischen Säuberungen zum Opfer. Sie wurden aus ihren Funktionen gedrängt oder ganz aus der Partei ausgeschlossen.

Im Admiralspalast hatte während des Parteitages auch ein Bild des Sozialdemokraten August Bebel den Saal geschmückt, zwischen den Portraits von Friedrich Engels und Karl Marx plaziert. Der Leipziger Delegierte Eduard Amborn übergab dem Präsidium einen von Bebel selbst gedrechselten Holzstock mit dem Hinweis, mit diesem Stab habe Bebel auf dem Erfurter Parteitag 1890 die Opposition »niedergeschlagen«. Der »Bebelstab« sollte damals nach Bebels Worten erst wieder einem Parteitag nach Verwirklichung der Einheit der gespaltenen Arbeiterparteien übergeben werden. Der alte sozialdemokratische Parteiveteran Eduard Amborn blieb nicht lange Mitglied der Sozialistischen Einheitspartei Deutschlands. Er wurde wenig später wegen »sozialdemokratischer Gesinnung« vom sowjetischen Geheimdienst verhaftet.

»Aber noch ahnte ich es nicht«, schrieb Wolfgang Leonhardt, »genausowenig wie wohl fast alle Delegierten, die an diesem Abend glückselig, voller Hoffnung und Freude den ›Palast‹ verließen in dem Glauben, an einem großen Werk der Vereinigung der deutschen Arbeiterbewegung mitbeteiligt gewesen zu sein.«[124]

Am 23. April erschien die erste Ausgabe der Zeitung »Neues Deutschland«, Zentralorgan der SED, mit ihrer ersten Schlagzeile: »Das größte Ereignis für unser Volk nach der faschistischen Tragödie: Die Sozialistische Einheitspartei ist geschaffen«. Der Leitartikel: »Manifest an das deutsche Volk«, darunter die Köpfe von Marx und Engels. August Bebel fehlte schon am Tag danach.

Der Admiralspalast an der Friedrichstraße blieb zentraler politischer Veranstaltungsort im Ostteil der Stadt. Antifaschistische Frauenausschüsse gründeten hier auf ihrer Konferenz vom 7.–9. März 1947 den Demokratischen Frauenbund Deutschlands DFD. Am 24. Oktober 1948 fand eine vom Kulturbund organisierte Friedenskundgebung im Theatersaal statt, an der die zwei Tage zuvor nach Berlin zurückgekehrten Helene Weigel und Bertolt Brecht teilnahmen. Im Februar 1949 stand eine »Hennecke-Aktivisten-Konferenz« auf dem »Palast«-Programm, bei der die weitere Planerfüllung der Volkswirtschaft durch die Aktivistenbewegung diskutiert wurde.

Für den 30. November 1948 berief die SED eine »Außerordentliche Stadtverordnetenversammlung« im Admiralspalast ein, bei der tatsächlich Außerordentliches beschlossen wurde. Im Admiralspalast erschienen lediglich die SED-Mandatsträger, unterstützt von annähernd 1.600 SED-Anhängern aus Berliner Betrieben, die der Veranstaltung den Charakter einer Volksversammlung geben sollten. Der bislang für ganz Berlin zuständige Magistrat wurde kurzerhand für abgesetzt erklärt, und man proklamierte einen neuen, an dessen Spitze Friedrich Ebert berufen wurde. Ebert, Sohn des ersten Reichspräsidenten der Weimarer Republik, war fortan für die Geschicke Ost-Berlins zuständig, Ernst Reuter, der gewählte, aber von den Sowjets nicht anerkannte Bürgermeister, nur noch für den Westteil der Stadt. Mit der SED-Versammlung im Admiralspalast, der Tumulte vor dem Stadthaus, in dem bis dahin die Gesamtberliner Stadtverordnetenversammlung getagt hatte, vorausgegangen waren, wurde die Spaltung der Verwaltung der Stadt endgültig besiegelt. Die für den Westteil Berlins gewählten Vertreter tagten von nun an im Rathaus Schöneberg, die Ost-Abgeordneten im Neuen Stadthaus im Bezirk Mitte.

»Die Mörder sind unter uns« – Nachkriegskino

Der Admiralspalast diente in den ersten Nachkriegsjahren als zentraler Veranstaltungsort nicht nur für politische, sondern auch für die unterschiedlichsten kulturellen Veranstaltungen in Ost-Berlin. Am 15. Oktober 1946 fand im Theatersaal, damals Spielstätte der Deutschen Oper, die Premiere des ersten Spielfilms der DEFA statt: »Die Mörder sind unter uns« von Wolfgang Staudte. Über die Schwierigkeiten, im Nachkriegsberlin eine Drehgenehmigung zu bekommen, schrieb Staudte Jahre später: »Ich lebte damals im englischen Sektor und bin natürlich zu den Engländern gegangen, die waren nicht interessiert. Die Franzosen … auch nicht … Und bei den Amerikanern … guckte mich ein Filmoffizier von oben herab an und sagte: ›Wie war der Name? Staudte? In den nächsten fünf Jahren wird in diesem Land überhaupt kein Film gedreht außer von uns.‹« Schließlich reichte Staudte das Drehbuch bei den Sowjets ein, die den Zensurstempel aufdrückten. Ein Kulturoffizier erklärte dem Regisseur: »Ja, das wird gemacht … Eins ist natürlich unmöglich, das ist der Schluß. Wenn der Film ein Erfolg ist, und die Leute kommen aus dem Kino, dann gibts ein Geknalle auf der Straße, und das kommt natürlich nicht in Frage. Den Wunsch nach Rache können wir verstehen, aber es muß

Der Vereinigungsparteitag im Admiralspalast von SPD und KPD im April 1946.

gesagt werden, daß das genau der falsche Weg ist. Überlegen Sie sich das.«[125]

Staudte arbeitete den Schluß um. Seine Hauptdarstellerin Hildegard Knef spielte eine aus dem KZ kommende Künstlerin, die in ihrem Dachatelier nach dem Krieg einen resignierten Arzt vorfindet und diesen von einem Racheakt abhält. Der Film begründete die künstlerische Seriosität der DEFA, und er machte Hildegard Knef zum ersten deutschen Nachkriegs-Kinostar. Da es im sowjetischen Sektor Berlins kein Premierenkino gab, wurde als Spielstätte der Admiralspalast gewählt, um der Erstvorführung einen würdigen Rahmen zu geben. Am 18. Dezember 1946 fand auch die Premiere der dritten DEFA-Produktion, Gerhard Lamprechts »Irgendwo in Berlin«, im Admiralitätspalast statt. Erst Jahre später wurde das

»Babylon« am Rosa-Luxemburg-Platz Premierenkino für die DEFA-Produktionen.

Die kleineren Lichtspielhäuser begannen schon bald nach Kriegsende wieder den Betrieb aufzunehmen. Zu ihnen zählte mit dem »Aladin« in der Friedrichstraße 112 a am Oranienburger Tor auch ein traditionsreiches Kino, das vor allem für seine exotische Inneneinrichtung bekannt war.

Friedrich Wilhelm Foss, dem dieses kleine Theater bereits vor Beginn des Zweiten Weltkriegs gehört hatte, erlebte die letzten Kampf handlungen als Soldat in Berlin. Er konnte sich in den Luftschutzkeller des Hauses retten, das unzerstört blieb. In seinen Erinnerungen heißt es: »Der roten Armee, die neben Uhren und Schmuck ja alles gebrauchen konnte, gefielen auch Haus und Kino in der

Das Kino Aladin in der Friedrichstraße 112a.

Friedrichstraße. Es wurde daraus ein Offizierskasino gemacht, und ich hatte das zweifelhafte Glück, von den Genossen in meinem eigenen Lichtspieltheater zum Direktor, d. h. Mädchen für alles, ernannt zu werden. (…) Nach einigen Wochen … kam ein wenig Geld in die leere Kinokasse, als mir gestattet wurde, deutsche Filme von der ›Sovexport‹ auszuleihen und tagsüber ohne Leihgebühr und Steuerabgaben vorzuführen.«[126]

Ab 1947 betrieb Foss ein weiteres, im Westsektor gelegenes Kino in der alten Potsdamer Straße, gegenüber dem Weinhaus Huth. Die »Camera« lockte schon bald viele Zuschauer aus dem Osten an, denn Foss war auf die pfiffige Idee verfallen, die Besucher aus der »Sowjetzone« nach der 1948 erfolgten Währungsumstellung in Ost-Mark bezahlen zu lassen. Dafür hatte man im Westen wenig Verständnis. Monate später folgten auch andere Lichtspieltheater im Westen seinem Beispiel. Dabei kam es angesichts der politisch brisanten Lage in der Stadt zu kuriosen Vorkommnissen. Foss berichtet: »Es mag heute wie ein Wunder klingen: In dem (ostsektoralen!) Stammhaus habe ich jahrelang Diapositiv- und Plakatwerbung betrieben können: ›Am Potsdamer Platz sehen Sie …‹ (– und es folgten die Westtitel, die wir dort zeigten). Auch fuhren wir mit unserem Filmtausch-Lieferwagen immer (und selbstverständlich!) durch den Ostsektor.«

Ab Oktober 1949 häuften sich im Ostteil der Stadt die Widerstände gegen den »Westkino-Betreiber« mit seinem Stammhaus »Aladin« im Ost-Bezirk Mitte. So zettelte das »Neue Deutschland« im August 1950 eine regelrechte Kampagne an: »Was aber tut z. B. Herr Voß, der Besitzer des ›Aladin‹-Kinos am Oranienburger Tor und Mitinhaber der ›Camera‹ am Potsdamer Platz, des ›Magnets für alle Filmfreunde‹? Er fährt – wie unserer Leserin Eva Steinitz aufgefallen ist – mit dem Wagen KB 049-601, auf ein großes Schild angebracht ist, im demokratischen Sektor Reklame für dieses Westberliner ›Grenzgängerkino‹, das für die Bewohner des demokratischen Sektors in verbilligten Vorstellungen Filme zeigt, die zum Mord und gegen die Sowjetunion, damit also gegen den Frieden und alle Friedenskämpfer hetzen.«

Damit war der Stein des Anstoßes ins Rollen gekommen. Wenige Tage später hieß es im »Neuen Deutschland« unter der Schlagzeile »Die ›Camera‹ fiel uns auf:

Aber hoffentlich zum letztenmal: Zahllose Leserbriefe gingen in den letzten Tagen bei uns ein, die sich mit den Veröffentlichungen über das merkwürdige Doppelleben des Herrn Voß beschäftigen. Empörte Leser könnten nicht verstehen, warum »mitten im demokratischen Sektor« Reklame für »amerikanische Hetzfilme« erlaubt sei, und forderten das Eingreifen der »zuständigen Stellen«. Eine Leserin protestierte gegen einen Kastenlieferwagen mit Westberliner Nummer, den sie gegenüber dem »Aladin« in der Friedrichstraße gesehen hatte, »an dem zwei große Plakate den Film ,Ich war eine männliche Kriegsbraut‹ ankündigten. Er wird also von einem Kinobesitzer benutzt, der im demokratischen Sektor von den Groschen der Werktätigen lebt und außerdem in den Diensten der Kriegshetzer steht. Wie lange wohl noch dieses Doppelspiel?«[127]

Foss selbst berichtet über den Ausgang der Kampagne: »Es folgten Vorladungen vor einem ›Wirtschaftsausschuß‹, Verhör und Verdammung. Es dauerte nicht lange, und unser Stammhaus, 30jähriger Familienbesitz, das ›Aladin‹ in der ostsektoralen Friedrichstraße, war ›enteignet‹.« Drei Herren vom Kunstamt Berlin-Mitte zwangen Wilhelm Foss 1951, die Schlüssel auszuhändigen. »Die neuen Kinoherren nannten unser Theater jetzt in ›Camera‹ um, um dort Repertoire-Filme zu spielen. ›Camera‹ hatten wir seinerzeit unser Haus neben dem neuen ›Aladin‹ am Potsdamer Platz getauft …«[128]

Brecht und die Deutsche Staatsoper

Am Montag, dem 15. Januar 1951, begannen in der Interimsspielstätte der Staatsoper im Theater im Admiralspalast die Chorproben zu der Oper »Das Verhör des Lukullus«. Der aus dem Exil nach Ostdeutschland zurückgekehrte Bertolt Brecht und seine Mitarbeiterin Margarete Steffin machten sich an die Inszenierung des von Paul Dessau vertonten Stoffes. Brecht hielt die Aufführung für dringlich, weil die Oper mit seiner klaren pazifistischen Aussage ihm in der Zeit des beginnenden Kalten Krieges – »wo die amerikanischen Drohungen so hysterisch sind« – eine wichtige politische Botschaft zu transportieren schien. Aber richtete sich Brechts Stück damit nicht auch gegen die sowjetische Heldenverehrung des

»Großen Vaterländischen Krieges« und gegen die kommunistische Parole, der Frieden müsse bewaffnet sein? Die Stimmung in der SED und im Volksbildungsministerium war gereizt. Paul Dessaus Musik wurde als »unharmonisch«, als eine »Verwirrung des Geschmacks« eingestuft; sie sei eine »bürgerliche Spielart« und »für die sozialistische Musikentwicklung« schädlich: »Eine solche Musik, die die Menschen verwirrt, kann nicht zur Hebung des Bewußtseins der Werktätigen beitragen, sondern hilft objektiv denjenigen, die an der Verwirrung von Menschen ein Interesse haben. Das aber sind die kriegslüsternen Feinde der Menschheit.«[129] Die SED ließ das Werk noch vor der geplanten Uraufführung vom Spielplan nehmen.

Am 17. März 1951 durfte dann doch eine »öffentliche Probe« im Beisein führender Funktionäre stattfinden – am

selben Tag übrigens beschloß die Zentralkomitee-Tagung der SED den »Kampf gegen den Formalismus in Kunst und Literatur, für eine fortschrittliche deutsche Kultur«. Die unter Ausschluß der Öffentlichkeit im Admiralspalast gezeigte Aufführung konnte die Bedenken der SED-Führung zerstreuen. Nach einigen inhaltlichen Korrekturen fand die Uraufführung unter dem Titel »Die Verurteilung des Lukullus« am 12. Oktober 1951 in der Deutschen Staatsoper statt. Das Wort »Verhör« war darin gestrichen, »DDR-Organe« machten zu reichlich eben davon Gebrauch.

Brecht erhielt fünf Tage vor der Premiere, am Nationalfeiertag der DDR, vom Präsidenten Wilhelm Pieck den Nationalpreis 1. Klasse überreicht – abermals während einer Festveranstaltung im Admiralspalast. Bis zur Wiedereröffnung des Stammhauses Unter den Linden am 4. September 1955 mit Wagners »Meistersingern« blieb der Admiralspalast als Interimspielstätte für die Deutsche Staatsoper bestehen.

Zwischen Hochkultur und Politspektakel: SED-Parteitag und Aufführungen der Staatsoper im Admiralspalast.

Panzer in der Friedrichstraße – Der 17. Juni 1953

Als der Bauingenieur Otto Schnabel in den frühen Morgenstunden des 17. Juni 1953 mit der S-Bahn von Friedrichshagen nach Berlin-Mitte fuhr, füllten sich in der Gegend um Schnabels Büro in der Krausenstraße 9/10 die Straßen rasch mit Menschen. Von der Rückseite seines Dienstgebäudes hatte Schnabel ungehinderten Blick über die Kreuzung Friedrich- und Schützenstraße, die nach den Kriegszerstörungen noch völlig ohne Bebauung war.

Am 16. Juni hatten auf den Baustellen der Stalinallee Protestaktionen gegen die zuvor von der Regierung der DDR beschlossenen Erhöhungen der »Technischen Arbeitsnormen« um 10 Prozent begonnen. 80 Bauarbeiter zogen am Morgen demonstrierend durch die Stalinallee. Als sie am Alexanderplatz eintrafen, hatte sich ihre Zahl auf mehr als 1.000 erhöht, und immer mehr Menschen schlossen sich dem Zug an, so daß es schließlich 4.000 waren, die vor das Haus der Ministerien in der Wilhelmstraße zogen. Gefordert wurden die Rücknahme der »Leistungssteigerungen«, wie die Normerhöhung in der offiziellen SED-

Sprache hieß, freie und geheime Wahlen, Straffreiheit für die Streikführer. Am 16. Juni löste sich die Demonstration friedlich auf. Am Morgen des 17. Juni streikten in Ost-Berlin und im Umland bereits alle großen Betriebe. Tausende waren auf den Straßen. Fahnen und Propagandalosungen wurden in Brand gesetzt, am Nachmittag stand das Präsidium der Volkspolizei am Potsdamer Platz in Flammen.

Auch vor dem Haus Mauerstraße 93, dicht an der Friedrichstraße, brannte plötzlich eine Baracke. Sie trug keine Aufschrift – und doch wußte jeder, daß der Holzverschlag den »bewaffneten Organen« hier, direkt an der Sektorengrenze, zur Grenzüberwachung diente. Otto Schnabel, der einen kleinen Photoapparat dabei hatte, lief auf die Krausenstraße und hielt die dichte Menschentraube um die lodernden Flammen und die schwarzen Rauchschwaden im Bilde fest. Er beobachtete, wie viele der Umstehenden ihrem Zorn Luft machten. Aus einem Geschäftsgebäude an der Mauerstraße warfen wütende Demonstranten Büromaterialien auf die Straße. Politische Forderungen wurden laut: »Nieder mit Ulbricht und Grotewohl!« Offizielle Losungen und Transparente wurden heruntergerissen.

Demonstrationszüge marschierten zum Haus der Ministerien, auch aus der Friedrichstraße strömten die Menschen hinzu. Neuankömmlinge aus den Betrieben wurden euphorisch begrüßt. Hinter dem Ministerium und dem Sitz des Ministerrates verlief die Sektorengrenze zwischen Potsdamer Platz und Friedrichstraße. An diesem 17. Juni 1953 schließlich rief die DDR-Regierung die Besatzungsmacht. Panzer, die die militärische Führung der Sowjets in den frühen Morgenstunden nach Berlin abkommandiert hatten, rollten ins Ost-Berliner Zentrum.

Es gab Tote und Verletzte, ihre genauen Zahlen sind bis heute nicht bekannt. Mehr als ein Dutzend Aufständische starben beim Vormarsch der sowjetischen Panzer, 18 Menschen wurden standrechtlich erschossen, vier Volkspolizisten von Demonstranten gelyncht. Einund-

Die Kreuzung Friedrichstraße/Schützenstraße am Nachmittag des 17. Juni 1953, fotografiert von Otto Schnabel aus seinem Büro in der Krausenstraße.

vierzig sowjetische Soldaten, die sich geweigert hatten, an der Niederschlagung der Unruhen teilzunehmen, wurden kurz nach dem Aufstand erschossen.

Otto Schnabel zog sich am 17. Juni in sein Büro zurück und beobachtete von oben die aufrollenden Panzer und Radfahrzeuge, die auch in der Friedrichstraße die Menschen auseinandertrieben. An der Sektorengrenze machten sie Halt, ihre Rohre nach »Westen« gerichtet. »Die Sowjettruppen riegelten den Westsektor ab, und in Ostberlin begann ein Kesseltreiben gegen die versprengten Arbeitertrupps. Im Haus der Ministerien waren die ganze untere Etage und die Kellergänge mit Verhafteten belegt.«[130] So erinnerte sich Fritz Schenk, 1953 persönlicher Referent des Vorsitzenden der Staatlichen Plankommission, die im Haus der Ministerien arbeitete. Im Sowjetsektor verhängte der Stadtkommandant den Ausnahmezustand: ab 18.00 Uhr herrschte Ausgehverbot. Die Herrschenden hatten die Situation wieder unter Kontrolle.

Seit den frühen Nachmittagsstunden ruhte der öffentliche Nahverkehr. Otto Schnabel mußte den weiten Heimweg nach Friedrichshagen zu Fuß und per Anhalter zurücklegen.

Ausbau der Sperranlagen am Checkpoint Charlie im November 1961.

Mauerbau und Teilung

Nicht erst seit dem Aufstand vom 17. Juni 1953 waren die Menschen zu Hunderttausenden aus der Sowjetischen Besatzungszone in den Westen geflohen. Die Zahlen, die Ernst Lemmer, Bundesminister für Gesamtdeutsche Fragen, Mitte Juli 1961 nannte, sprachen Bände: 1959 waren es noch 144.000 gewesen, 1960 bereits 200.000, die der DDR den Rücken kehrten. Für 1961 wurde eine erneute Steigerung erwartet.

Etwa zur gleichen Zeit, zu der Lemmer in Bonn die Zahlen verkündete, fand in Ost-Berlin eine internationale Pressekonferenz statt. Auf die Frage von Annemarie Doherr, Korrespondentin der »Frankfurter Rundschau«, ob die von der DDR angestrebte Bildung einer »freien Stadt« Berlin bedeuten würde, »daß die Staatsgrenze am Brandenburger Tor errichtet« werde, antwortete der Partei- und Staatschef Walter Ulbricht am 15. Juni 1961 mit einer denkwürdigen Aussage: »Ich verstehe Ihre Frage so, daß es Menschen in Westdeutschland gibt, die wünschen, daß wir die Bauarbeiter der Hauptstadt der DDR mobilisieren, um eine Mauer aufzurichten, ja? Äh, mir ist nicht bekannt, daß solche Absicht besteht, da sich die Bauarbeiter in der Hauptstadt hauptsächlich mit Wohnungsbau beschäftigen und ihre Arbeitskraft voll eingesetzt wird.« Es folgte der oft zitierte Satz: »Niemand hat die Absicht, eine Mauer zu errichten.« Nach einer Mauer aber war Ulbricht gar nicht gefragt worden.[131]

Am 12. August 1961 unterzeichnete derselbe Walter Ulbricht die von einem Stab unter Erich Honecker, damals Sekretär des Nationalen Verteidigungsrates der DDR, erarbeiteten Befehle, die einen Alarm bei diversen militärischen Einheiten auslösten. In der Nacht zum 13. August, einem Sonntag, blieben die Zugänge der Nord-Süd-S-Bahn und der U-Bahnlinie C (U 6) auf Ost-Berliner Seite nach Betriebschluß dicht. Damit gab es auch keine Abfahrtsmöglichkeit mehr von der Friedrichstraße aus. Den S-Bahnverkehr zwischen Bahnhof Friedrichstraße und dem Lehrter Stadtbahnhof auf West-Berliner Seite unterbrachen die Reichsbahnverantwortlichen auf Anordnung des Verkehrsministeriums. Die Friedrichstraße selbst wurde von Angehörigen der sogenannten »Betriebskampfgruppen« auf Höhe der Zimmerstraße abgesperrt.

Die Teilung einer Straße, einer Stadt wurde in Beton gegossen. Doch bestand die »Mauer« am 13. August 1961 zunächst nicht aus Steinen, sondern wurde in der Friedrichstraße wie auch überall sonst in Berlin von bewaffneten Truppen markiert, die nach und nach Stacheldrahtbarrieren errichteten. Eine wirkliche Mauer entstand erst Tage später, als klargeworden war, daß die von Grenzpolizisten gesicherte Demarkationslinie nicht ausreichend war, um Menschen von der Flucht abzuhalten.

Am 24. August versuchte der 24jährige Schneider Günter Litfin am Bahnhof Friedrichstraße die Grenze zu überwinden. Ein Posten der DDR-Transportpolizei beobachtete den Mann bei dem Versuch, sich unterhalb der Bahngleise zu den Grenzsperren durchzuschlagen. Der Posten gab zwei Warnschüsse ab und forderte den Flüchtling auf, stehenzubleiben. Günter Litfin sprang ins Wasser und wollte auf West-Berliner Gebiet schwimmen. Zwei gezielte Schüsse trafen ihn tödlich. Er war der erste Tote an der Berliner Mauer.

Ein Jahr später, im August 1962, kam es in unmittelbarer Nähe des Checkpoint Charlie an der Friedrichstraße zu dem wohl tragischsten Tod eines DDR-Flüchtlings. Der 18jährige Maurer Peter Fechter versuchte am hellichten Tag mit einem Arbeitskollegen die Sperranlagen an der Zimmerstraße zu überwinden, die zu diesem Zeitpunkt im Bereich der Friedrichstraße bereits aus einem vorgelagerten Stacheldrahtzaun und einer Mauer bestanden. Fechter und sein Freund hatten den Zaun bereits überklettert, als sie von Grenzposten entdeckt, angerufen und beschossen wurden. Peter Fechter blieb, in Bauch und Rücken getroffen, noch auf östlicher Seite unterhalb der Mauer liegen. Dort lag er eine Stunde lang und rief um Hilfe – doch weder die DDR-Grenztruppen noch West-Berliner Polizei wagten sich in das Sperrgebiet, um den Sterbenden herauszuholen. Auf der westlichen Seite der Mauer, im Bezirk Kreuzberg an der Kochstraße, sammelten sich nach Bekanntwerden des Vorfalls Hunderte Menschen und beschworen die am Checkpoint Charlie stationierten Amerikaner, endlich einzugreifen – vergebens. Nach einer endlos langen Stunde wurde Peter Fechter von DDR-Grenzpolizisten geborgen und starb wenig später in einem Ost-Berliner Krankenhaus.

Wolfgang Müller aus dem Ost-Berliner Stadtteil Lich-tenberg dagegen schaffte es. Am 6. April 1974 verließ er, als amerikanischer Soldat verkleidet, die DDR über den Checkpoint Charlie. Müller hatte sich in eine Amerikanerin verliebt, durfte sie in der DDR nicht heiraten und versuchte deshalb, in den Westen zu fliehen. Die Freundin beschaffte eine amerikanische Uniform und schmuggelte sie, in ihren Mantel eingenäht, nach Ost-Berlin. Die Köpenickiade gelang.

Konfrontation am »Checkpoint Charlie«

In der langen Friedrichstraße gab es gleich zwei Grenzübergangsstellen: den Bahnhof Friedrichstraße und den Checkpoint Charlie. Nicht nur der tragische Tod des Flüchtlings Peter Fechter machte den Checkpoint Charlie an der Trennlinie vom amerikanischen zum sowjetischen Sektor zum weltweit bekanntesten Grenzübergang der geteilten Stadt. Die Konfrontation zweier Systeme war wohl nirgendwo so sehr räumlich zu greifen wie an dem weißen Strich auf dem Asphalt und den dahinterliegenden Absperrungen. Der ehemalige Wachregiments-Gefreite Hagen Koch über die Grenzfestlegung unmittelbar nach dem Mauerbau: »Am dritten Tag dann, am 15. August, wurde ich an die Grenze befohlen. (...) Am Nachmittag ... kamen wir vom Potsdamer Platz zum Grenzübergang Friedrichstraße. Im Westen hieß das Checkpoint Charlie. Während unserer Besichtigung gab es im Westen einige Proteste. Unsere Gruppe betrachtete das als gezielte Provokation. Da befahl mir einer der Offiziere, einen dicken weißen Strich quer über die Straße zu malen, und er sagte noch: ›Wir müssen den Kräften des Imperialismus und ihren Helfershelfern mal deutlich machen, wo ihre Macht zu Ende ist.‹ Mit einem Farbeimer und breitem Pinsel bewaffnet, ging ich in Richtung Westen und pinselte von der Hausecke, heute ist da das Café Adler, diese Linie über die Straße. Ich ahnte damals nicht, daß diese Linie bald zu einer wirklichen Konfrontationslinie werden sollte.«[132]

Die Konfrontationslinie in der Friedrichstraße wurde im Herbst 1961 zur Frage von Krieg und Frieden. Am 25. Oktober um 8.30 Uhr gingen in der Friedrichstraße mehrere US-Panzer in Stellung, am nächsten Tag zogen im östlichen Teil der Straße zehn sowjetische Panzer auf.

Keine 200 Meter voneinander entfernt, standen sich die Streitkräfte der ehemaligen Siegermächte gegenüber, die Geschoßrohre aufeinander gerichtet. Vorausgegangen war dieser Demonstration militärischer Entschlossenheit bereits am 22. Oktober ein Vorfall am Checkpoint Charlie: Ein Angehöriger der US-Militärmission in Zivil war beim Grenzübertritt in den östlichen Teil der Stadt am Checkpoint Charlie aufgefordert worden, seinen Ausweis vorzuzeigen. Der Amerikaner lehnte dies ab, weil eine solche Kontrolle nach alliiertem Recht nicht statthaft war. Statt dessen erschien er wenig später wieder am Checkpoint Charlie, begleitet von US-Militärpolizisten mit aufgepflanztem Bajonett. Nun ließen ihn die DDR-Grenzposten unkontrolliert passieren. In den folgenden Tagen wurde die Auseinandersetzung um den unkontrol-lierten Grenzübertritt zur Machtfrage zwischen den USA und der Sowjetunion. Die US- Militäradministration bestand darauf, daß auch nicht uniformierte Vertreter der Alliierten unkontrolliert den Checkpoint Charlie passieren durften. Als am 25. Oktober britische Militärangehörige von DDR-Grenzern wiederum angehalten wurden, ihre Ausweise vorzulegen, suchten die Amerikaner die Machtprobe. Sie ließen ihre Panzer in der Friedrichstraße auffahren. Daraufhin postierten die Sowjets Panzer auf der anderen Seite des Grenzübergangs.

Achtundvierzig Stunden lang standen sich die Panzer gegenüber. Am Morgen des 28. Oktober zogen sich die sowjetischen Soldaten plötzlich zurück. Staatchef Chruschtschow persönlich hatte den Befehl dazu gegeben, nachdem sich US-Präsident Kennedy telefonisch für eine

Konfrontation am Checkpoint Charlie.
Russische und amerikanische Panzer standen sich im Oktober 1961 in der Friedrichstraße gegenüber.

Entschärfung des Konflikts eingesetzt hatte. Wenig später setzten sich auch die amerikanischen Panzer in Bewegung und räumten die Stellung. Beide Seiten hatten ihr Gesicht gewahrt. Die USA hatte sich in der Frage des ungehinderten Zugangs nach Ost-Berlin durchgesetzt. In der Friedrichstraße war in diesen dramatischen Tagen kein Schuß gefallen.

Der Checkpoint Charlie – im Osten als Grenzübergang Friedrichstraße bezeichnet – war nicht zuletzt wegen dieser Tage im Oktober der Ort, an dem über viele Jahre Besucher aus Ost und West das politische Bauwerk Mauer zum Schauplatz spektakulärer propagandistischer Auftritte machten. Hochrangige Politiker besichtigten die Mauer – an der Friedrichstraße. Am 26. Juni 1963 besuchte John F. Kennedy den Checkpoint Charlie. Gemeinsam mit Bundeskanzler Adenauer und dem Berliner Regierenden Bürgermeister Willy Brandt stieg er auf das Holzpodest auf der westlichen Seite der Friedrichstraße und ließ sich Mauer und Grenzanlagen zeigen. Die West-Berliner Bevölkerung nahm begeisterten Anteil an Kennedys Besuch; kaum ein Fenster im in Mauernähe gelegenen Teil der Kreuzberger Friedrichstraße, in dem sich nicht winkende Menschen drängten. Der sowjetische Staatschef Nikita Chruschtschow hatte den Grenzübergang Friedrichstraße bereits fünf Monate zuvor, im Januar 1963, besichtigt. Der »Erbauer« der Mauer, der Partei- und Staatsratsvorsitzende Walter Ulbricht, begleitete Chruschtschow bei diesem Grenzbesuch, der unter Ausschluß der Öffentlichkeit stattfand. Die Ost-Berliner Bevölkerung konnte seit dem 13. August 1961 die Friedrich-

Symbol der Teilung: Bahnhof Friedrichstraße.
Im Gebäude rechts, früher Aschinger, befand sich 1953 das Lokal Alt Bayern. Aschinger war in Ost-Berlin enteignet worden.

straße nur noch bis zur Krausenstraße begehen. Dort begann das Sperrgebiet. Den Grenzübergang in der Straße selbst bekamen die DDR-Bürger bis zum November 1989 nur aus der Ferne zu sehen.

Symbol der Teilung:
Der Bahnhof Friedrichstraße

Bürger der DDR und Ost-Berlins durften nach dem Mauerbau nicht mehr in die Bundesrepublik einreisen oder die Grenze nach West-Berlin passieren. Für West-Berliner waren Besuche im Ostteil der Stadt zum ersten Mal wieder im Dezember 1963 möglich. Ein erstes sogenanntes Passierscheinabkommen machte Treffen mit Verwandten und Freunden in Ost-Berlin über Weihnachten und Neujahr möglich.

Die DDR-Behörden hatten sich für den nach Ausgabe der »Passierscheine« erwarteten Besucheransturm aus dem Westen gewappnet. Zwei der fünf noch in der Stadt existierenden Grenzübergangsstellen wurden mit ganzen Wäldern von improvisierten Abfertigungshäuschen versehen, um den Andrang zu bewältigen. Es waren die Übergänge Oberbaumbrücke und Bahnhof Friedrichstraße.

»Das muß man selbst erlebt haben, was sich am Sonnabendmorgen am Grenzübergang Bahnhof Friedrichstraße tat«, berichtete das »Neue Deutschland« im Dezember 1963. »Jeder neue S-Bahnzug aus Richtung Westen – 87 in jeder Stunde –, jede ankommende U-Bahn sorgen für einen endlosen Strom Tausender Besucher. Und dieser Strom fließt, gerät kaum ins Stocken. ›Dufte Jungs sind das‹, zollt Herr Otto Scheibe aus der Kolonnenstraße in Schöneberg unseren Grenzern, den Bankangestellten, den Eisenbahnern, BVGern, den Zollangehörigen und Volkspolizisten uneingeschränkte Anerkennung ...«[133] Insgesamt vier Passierscheinabkommen kamen zustande, bis in den siebziger Jahren durchgängige Reiseregelungen verabredet wurden, und immer war der Bahnhof Friedrichstraße Ziel Hunderttausender Grenzgänger.

Die DDR-Behörden hatten im einstigen Verkehrsknotenpunkt Bahnhof Friedrichstraße, der in Gänze auf Ost-Berliner Territorium lag, einen mit U- und S-Bahn für West-Besucher bequem erreichbaren Grenzübergang geschaffen. Er war bis zum Fall der Mauer im November 1989 der am meisten frequentierte Übergang in der Stadt.

Anreise auf dem unterirdischen U-Bahnhof der zwischen Berlin-West und Berlin-West verkehrenden Linie 6 von Alt-Tegel nach Mariendorf: Nach mehreren »Geisterbahnhöfen«, verlassenen, zugemauerten Stationen in Ost-Berlin, an denen die Züge nicht hielten, die Aussteigemöglichkeit Bahnhof Friedrichstraße. Kontrollaugen von Mensch und Monitor. Treppen, Gänge, Hinweise auf die Schleusen für die Einreise in die »Hauptstadt der DDR«. Der »Intershop« auf dem unterirdischen S-Bahnhalt zum billigen Einkauf von Zigaretten und Schnaps für West-Berliner.

Anreise mit der S-Bahn in die große alte Halle des Bahnhofs Friedrichstraße: Die Mauer verlief hier quasi

Intershop auf dem S-Bahnsteig Friedrichstraße.

Abfertigungshäuschen beim Passierscheinabkommen 1963.

zwischen den Bahnsteigen – eine Metallwand trennte ab den achtziger Jahren die von und nach West fahrenden S-Bahnen auf Bahnsteig B vom Bahnsteig für den Fernverkehr und dem »Ost«-Bahnsteig C. In beide Richtungen, für Ost- wie für West-Berliner, war der Bahnhof Friedrichstraße Endhaltepunkt, von dem aus er sich direkt zum Ausgang auf die Friedrichstraße oder aber in das Labyrinth der Treppen, Gänge und Paßkontrollen begeben konnte. 1982 wurde die alte, drei Meter hohe Wand zwischen den Bahnsteigen durch eine bis ans Dach der Bahnhofshalle reichende Wand aus Blech ersetzt. Die Trennung der Welten, hier war sie total.

»Symbol der Spaltung ist die massive graue Sichtblende aus Blech, die vom Schwellenschotter bis zum Dach die beiden Bahnhofshallen trennt, die Bahnsteige B und C separiert, Ost- und Westbetrieb voneinander abschirmt, die Systeme abkapselt. Ein spezieller eiserner Vorhang, er untermauert noch den Eindruck der Tristesse. (...) Dazwischen, allgegenwärtig, immer wieder (bewußt) umgebaut, die verschachtelten Kontroll- und Diensträume. Kunstlicht, Sichtblenden, Hinweis- und Befehlsschilder, schnarrende elektrische Öffner für Türen ohne Klinken. ›Wofasept‹-Putzmittel-Geruch.«[134]

Mehr als 140 Kameras und Monitore sollen auf dem Bahnhof Friedrichstraße die »Abfertigung« der »Ein- und Ausreisenden«, fein säuberlich getrennt nach den Sparten »Bürger West-Berlin«, »Bürger BRD«, »Bürger anderer Staaten« und »Diplomaten«, für die Grenztruppen der

Abfertigungshalle für die »Ausreise aus der DDR«: der Tränenpalast.

DDR überwacht haben. So nimmt es nicht Wunder, daß der auch für die Grenzsoldaten so unübersichtliche Bahnhof Friedrichstraße kaum Schauplatz spektakulärer Fluchtversuche war. 1984 versuchte ein Mann mit vorgehaltener Waffe, die Fahrerin eines Ost-S-Bahnzuges zum Weiterfahren in Richtung Westen zu zwingen. Das Gleis aber endete wenige Meter hinter der Bahnhofshalle an einem Prellbock. Der verhinderte Flüchtling wurde noch auf dem Bahnhof verhaftet.

Wolf Biermann hat seine Empfindungen beim Passieren der Grenze am Bahnhof Friedrichstraße 1965 in dem Gedicht »Deutschland. Ein Wintermärchen« ausgedrückt:

»Im deutschen Dezember floß die Spree
Von Ost- nach Westberlin
Da schwamm ich mit der Eisenbahn
Hoch über die Mauer hin

Da schwebte ich leicht über'n Drahtverhau
Und über die Bluthunde hin
Das ging mir so seltsam ins Gemüt
Und bitter auch durch den Sinn

Das ging mir so bitter in das Herz
– Da unten die treuen Genossen –
So mancher, der diesen gleichen Weg
Zu Fuß ging, wurde erschossen ...«[135]

Die legale Ausreise für Bürger West-Berlins, der BRD und anderer Staaten erfolgte durch die Abfertigung im »Tränenbunker« oder »Tränenpalast«, einem 1962 errichteten seitlichen Vorbau auf dem Bahnhofsvorplatz. »Nichtsdenkend ging ich die paar Schritte an der niedrigen Steinbalustrade entlang, die unterbrochen wird durch die Einmündung des Weges zur Tür jenes Glaspavillons – im Volksmund ›Tränenbunker‹ genannt –, in dem die Umwandlung von Bürgern verschiedener Staaten, auch meines Staates, in Transitreisende, Touristen, Aus- und Einreisende vollzogen wurde, in einem von grünlichen Kachelwänden reflektierten Lichte aus sehr hochgelegenen schmalen Fenstern ... Dieser Bau müßte als Monstrum dastehen, sollte seine äußere Gestalt seinem Zweck entsprechen, und nicht als Normalbau aus Steinen, Glas und Eisenverstrebungen«, heißt es in Christa Wolfs Erzählung »Was bleibt«.[136]

Nach dem oft tränenreichen Abschied und der Kontrolle im »Abfertigungsgebäude für Ausreisende«, so die offizielle Bezeichnung, ging es wieder über Treppen und Gänge zu den Bahnsteigen der S- oder U-Bahn.

Für manche »Ausreisende« ein Abschied für immer. Wer in Ost-Berlin einen Ausreiseantrag gestellt hatte und sein Land verlassen wollte und schließlich durfte, ging hinüber in das andere Deutschland am Bahnhof Friedrichstraße. ›Tränen! Palast! Schmerz und Freude vermengten sich, kleine private und große politische Geschichte wurden einander ähnlich. Als Kulisse dafür hat er jetzt ausgedient, der Bahnhof Friedrichstraße.‹

Die historischen Spuren der Mauer sind heute fast gänzlich verschwunden. Lediglich ein Markierungsstreifen auf der Zimmerstraße, eine doppelte Reihe Kopfsteinpflaster, zeigt den Verlauf der ehemaligen Grenzlinie zwischen Ost- und West-Berlin. Der Grenzübergang Checkpoint Charlie wurde 1990 abgebaut. Geblieben ist das »Haus am Checkpoint Charlie« in der Friedrichstraße 44, ein Museum, das bis heute die Erinnerung an dieses deutsche Bauwerk Mauer wachhält.

Getrennte Entwicklungen

Nach dem Zweiten Weltkrieg war das Stadtzentrum zu großen Teilen zerstört, die Friedrichstraße die längste Ruinenstraße. Für die Stadtplaner eine Chance, Berlin und vor allem sein Zentrum neu anzulegen.

Ab August 1946 fanden, nicht weit voneinander entfernt, zwei Städtebau-Ausstellungen statt: »Berlin plant« im Weißen Saal des Stadtschlosses und »Berlin im Aufbau« im »Haus der Schweiz«, Ecke Unter den Linden/Friedrichstraße. Letztere war eine Art Schau der Arbeit und Planung für das Neue Berlin und zeigte Aufbauleistungen einzelner Bezirke.

Die Stadtplaner interessierte vor allem, wie durch eine Neuordnung städtischer Flächen bessere Verkehrsverbindungen geschaffen und damit Lösungen der Verkehrsprobleme der Großstadt in Angriff genommen werden konnten. Auf der Liste der planerisch zu verändernden Straßenzüge stand auch die Friedrichstraße, weiterhin viel zu schmal für eine zentrale Nord-Süd-Achse.

»Ein großes städtebauliches Ensemble«

Die voranschreitende politische Spaltung der Stadt erschwerte eine Planung für die gesamte Stadt und vor allem für die City. Mit der Gründung der beiden deutschen Staaten 1949 änderten sich die Rahmenbedingungen für die Zentrumsplanung noch einmal grundlegend. Der in der in Ost-Berlin erscheinenden »Berliner Zeitung« vom 27. August 1950 abgedruckte »Aufbauplan für das Zentrum des neuen Berlin« vermerkte unter dem Stichwort Friedrichstraße: »Die Friedrichstraße als bedeutende Nord-Süd-Verbindung wird als Ladenstraße bestehen bleiben und abschnittsweise verbreitert. Auf der jetzt freigelegten Fläche vor dem Bahnhof Friedrichstraße sind

als Abschluß eines großen Bahnhof-Vorplatzes ein Hotelkomplex und andere öffentliche Bauten vorgesehen.« Am Ende des Artikels erfolgte der Hinweis, daß »der Neuaufbau einer so zerstörten Stadt wie Berlin nicht in fünf und auch nicht in zehn Jahren zu bewältigen« sei.

Die Friedrichstraße als »abschnittsweise verbreiterte Ladenstraße« – was von diesen Plänen wurde im Ostteil der Stadt umgesetzt? Eine Verbreiterung hat, von kleineren Fluchtlinienkorrekturen abgesehen, nicht stattgefunden. Dazu zählte die Aufhebung der Verschmälerung der Friedrichstraße zwischen Behrenstraße und Lindenboulevard nach Abriß der Überreste der »Kaisergalerie«. Doch war eine generelle Umsetzung durchaus gewollt. Als ein Beispiel für die geplante Verbreiterung zu nennen wäre

Um 1952: Links die Ruine der Kaisergalerie, in der Bildmitte das ehemalige Augustinerbräu.

ein Bau aus den fünfziger Jahren an der Straßenkreuzung Mohrenstraße: der sogenannte »NDPD-Tower«. Die neuerbaute Parteizentrale der National-Demokratischen Partei Deutschlands entstand als typischer Fünfziger-Jahre-Bau und veranschaulicht die städtebaulichen Planungen dieses Jahrzehnts zur Verbreiterung der Friedrichstraße. Die Front des Gebäudes ist seit den achtziger Jahren von einem Plattenbau verdeckt.

Der Bestand von noch nutzbaren Gebäuden war auf der westlichen Seite der Friedrichstraße allerdings höher als auf der östlichen. Bis in die fünfziger Jahre hinein, also noch nach der Gründung der beiden deutschen Staaten und trotz der Teilung Berlins, wurde zumindest von sei-

ten der Stadtplaner an Entwürfen für ganz Berlin festgehalten. Helmut Hennig, »Stellvertreter des Leiters der Meisterwerkstatt Städtebau beim Chefarchitekten von Groß-Berlin« – einer Ost-Berliner Institution – schrieb 1955 in der Zeitschrift »Deutsche Architektur«:

»Jedermann fühlt, daß im Berliner Städtebau groteske Situationen entstehen werden, wenn nicht bald ein gemeinsamer Aufbauplan für Gesamt-Berlin dem ganzen beträchtlichen Baugeschehen in unserer Stadt Sinn und Form gibt. Große breite Straßenzüge oder solche Verkehrswege, die sich in die Struktur unserer Stadt so tief eingegraben haben wie die Friedrichstraße, werden bald nicht nur zweierlei Gesichter tragen, sondern auch in ih-

Unter den Linden/Friedrichstraße: die kriegszerstörte Kranzler-Ecke 1945.

ren Fluchtlinien nicht mehr übereinstimmen, weil die Sektorengrenzen diese Berliner Straßen durchschneiden. Die Friedrichstraße kann in ihrem alten Profil nicht in unseren Städtebau übernommen werden. Das Bild der weltbekannten Amüsierstraße der bürgerlich-wilhelminischen Epoche, das typische Bild einer engen, schnurgeraden Korridorstraße gehört der Vergangenheit an. Nach unserem Konzept soll die Friedrichstraße auf teilweise 66 Meter verbreitert und schließlich in der Weiterentwicklung als ein großes städtebauliches Ensemble gestaltet werden, um auch an dieser bedeutenden Magistrale die höchste Meisterschaft unserer deutschen Architekten zu zeigen.«[137] Hennig verwies darauf, daß der ehemalige

Stadtbaurat Karl Bonatz die Friedrichstraße noch 1947 als Kaufstraße ausschließlich für den Fußgängerverkehr vorgesehen hatte und den Straßenverkehr auf einen östlich und einen westlich von ihr verlaufenden Straßenzug verlegen wollte.

Der 1957/58 gestartete »Hauptstadtwettbewerb« auf westlicher Seite brachte teilweise kühne Vorstellungen zum Umgang mit der Friedrichstraße auf den Plan. Der Architekt Albert Heinrich Steiner beispielsweise gedachte die Friedrichstraße im Bereich der Weidendammer Brücke – und diese selbst – völlig aufzugeben und an der Spree einen neuen Großbahnhof als beherrschenden Abschluß der Straße im Norden zu setzen. Die südliche

Blick über die Kreuzung Unter den Linden/Friedrichstraße in Richtung Westen, 1965.

Friedrichstraße bis kurz vor dem Mehringplatz sollte als breiter Fußgängerboulevard ausgebildet werden, am Schnittpunkt mit der Leipziger Straße eine akzentuierte Platzanlage samt überdachter Kreuzung entstehen. Richard Ermisch hatte 1947 eine glasüberdachte Passage an der Kreuzung Friedrichstaße / Leipziger Straße geplant. Egon Hartmann, der wenige Jahre zuvor noch in der Stalinallee gebaut hatte, wollte die Friedrichstraße als Einkaufstraße für Fußgänger in der Art eines europäischen Großstadtbasars über das Oranienburger Tor hinaus bis zum Nordbahnhof führen. Vier französische Architekten sahen zwischen Unter den Linden- und Franz-Klühs-Straße im Bezirk Kreuzberg insgesamt neun Hochhäuser vor.

Die Wettbewerbssieger ließen den gesamten nörd-

lichen Teil der Friedrichstraße ab Unter den Linden bis zum Oranienburger Tor verschwinden und kappten im Süden die Verbindung zum Mehringplatz. Der mit dem zweiten Preis prämierte Hans Scharoun gab in seinem Beitrag die Friedrichstraße als Straße völlig auf.

Ein Jahr später, 1958/59, traten die Ost-Berliner Planer im Rahmen des »Ideenwettbewerbs zur sozialistischen Umgestaltung des Zentrums« mit neuen Vorschlägen an die Öffentlichkeit. Die Friedrichstraße war wiederum zur Verbreiterung vorgesehen, als pulsierende Verkehrsader mit Boulevardcharakter und großzügiger Fußgängerzone. In einem Entwurf reichte die Friedrichstraße bis an die Rückseite des Schauspielhauses. Bei diesem »Hauptstadtwettbewerb« hielten sich die Planer und Architekten erst-

Die Kreuzung Linden/Friedrichstraße 1965 in Richtung Osten. Hinten rechts der Rohbau des Lindencorsos. Gegenüber dem Haus der Schweiz am linken Bildrand entsteht das Hotel Unter den Linden.

malig exakt an das zu Ost-Berlin gehörige Zentrumsgebiet und konzentrierten sich vor allem auf die symbolhaltigen Bereiche in Mitte. Die Friedrichstraße als einstige zentrale Nord-Süd-Achse hatte in Zeiten der Sektorengrenze keine übergeordnete Bedeutung mehr. Der Westen plante zwar noch in den Osten hinein, konnte aber dort nichts umgestalten. Nachfolgend und erst recht nach dem Bau der Berliner Mauer machte sich jede Seite nur noch über ihren Teil der Friedrichstraße Gedanken.

Als auf dem Boulevard Unter den Linden in den sechziger Jahren kriegsbedingte Baulücken durch Neubauten geschlossen wurde, kamen drei größere Komplexe im Kreuzungsbereich Friedrichstraße zur Ausführung. An der ehemaligen »Kranzler-Ecke« erstreckte sich ein 187 Meter langes Appartmenthaus bis zur Glinkastraße. Das von den Architekten Schmidt und Dübel entworfene Gebäude stand auf drei Stützen, eine moderne Antwort auf die Arkade des »Haus der Schweiz« auf der gegenüberliegenden Seite der Straßenkreuzung.

Die eigentliche Verbreiterung der Friedrichstraße auf 60 Meter erfolgte in Verlängerung der Bauflucht des NDPD-Towers. Zwei größere Gebäude setzten die Architekten so weit zurück, daß hier ein Stück des projektierten Fußgängerboulevards angelegt werden konnte: Auf der Nordostseite entstand das »Hotel Unter den Linden« mit 335 Gästezimmern und 455 Betten, auf der Südseite das »Lindencorso«, ein größerer Gastronomiekomplex mit Büros, die von der Bauakademie genutzt wurden. Die Fertigstellung der drei Großbauten – Appartmenthaus, »Hotel unter den Linden« und »Lindencorso« – erfolgte bis 1966.

Dann geschah zehn Jahre lang so gut wie nichts an der Friedrichstraße in Ost-Berlin, abgesehen von zwei Bauten in den Siebzigern: Der Stockholmer Unternehmer Svenska Industribyggen setzte zwischen Mittel-, Friedrich- und Dorotheenstraße einen 68 Meter hohen Hotelneubau, das 400 Zimmer und einige Appartments aufweisende »Metropol«. Dem Hotel angegliedert war außerdem ein »Intershop«, in dem auch Ost-Berliner kaufen durften. 1977 war das »Metropol« an der Friedrichstraße 150–153 vollendet – die Friedrichstraße 143–149, wo einst das im Krieg zerstörte »Central-Hotel« stand, blieb unbebaut. Auf der gegenüberliegenden Seite, wo einmal Aschinger

saß, ist nach dem Abriß des Altbaus in den Siebzigern ein von der Straßenflucht zurückversetztes Hochhaus gebaut worden: das Internationale Handelszentrum IHZ. In dem bis 1978 vollendeten 25geschossigen Bürohochhaus waren Büros diverser ausländischer Handelsvertretungen des »Nicht-Sozialistischen Wirtschaftsgebietes« untergebracht.

Neues Bauen in den Achtzigern

Im Februar 1984 verkündete DDR-Regierungschef Erich Honecker: »Die Friedrichstraße soll die attraktivste Geschäftsstraße der Hauptstadt werden, und es wird eine Freude, auf ihr zu bummeln.«[138]

Von den elf geplanten Komplexen, die die Friedrichstraße zur »attraktivsten Geschäftsstraße« machen sollten, sind zwei unvollendet geblieben, ein drittes trotz Fertigstellung abgerissen worden. Auf Höhe der Leipziger Straße, leicht zurückversetzt, entstand noch vor dem Mauerfall das »Haus der Unterhaltung« als erstes eigenständiges Spielcasino in Ost-Berlin. Der Abriß erfolgte 1996. Ein unvollendetes Gebäude zwischen Mohren- und Kronenstraße auf der Westseite der Friedrichstraße wurde 1993 abgerissen. Dem geplanten Neubau waren umfangreiche

**Mai 1982, Französische/Ecke Friedrichstraße.
Auf der Wiese rechts stehen heute die Galeries Lafayette.**

Gründungsarbeiten vorausgegangen. Neben dem Baugrundstück lag eine zwar befahrene, aber seit dem Mauerbau von Ost-Berlin aus nicht zugängliche U-Bahnstrecke, die zum West-Berliner BVG-Netz zählende U6. Nun sollte der unter Ost-Berlin verlaufende Abschnitt zwischen »Stadion der Weltjugend« (heute Schwartzkopffstraße) und »Stadtmitte« autark betrieben werden, doch konnten Wagen der Ost-Berliner U-Bahn nicht auf diesem Streckenabschnitt der West-Berliner Großprofillinie betrieben werden, weil es keine Verbindung dorthin aus dem Ost-Berliner Netz gab. Am Kreuzungspunkt von U2 und U6 in »Stadtmitte« sollte deshalb ein Verbindungstunnel Abhilfe schaffen, der die Ost-Berliner Kleinprofillinie U2 mit der zum Kleinprofil umgerüsteten Friedrichstraßenlinie U6 verbunden hätte. Dieses Tunnelstück wurde im Rahmen der Gründungsarbeiten an der Ecke Friedrichstraße/Mohrenstraße ausgeführt, bevor der Neubau oben aufgesetzt werden konnte. Die Verbindungsröhre blieb jedoch leer, die Durchbrüche zu den Linien 2 und 6 kamen nicht zustande. Nachdem die Mauer gefallen war, hatte sich eine solche Tunnelverbindung erledigt.

Dem erhofften Aufschwung in der Friedrichstraße hätte die Eröffnung des U-Bahnverkehrs auf dieser relativ kurzen, aber immerhin sieben Stationen umfassenden Strecke sicherlich gutgetan, und es wäre ein Nahverkehrsanschluß zu dem geplanten riesigen, sich über drei Blöcke erstreckenden Warenhaus möglich gewesen. Dieser zweite unvollendete Neubaukomplex reichte auf der östlichen Friedrichstraßenseite von der Französischen Straße bis zur Mohrenstraße und sollte sich »Friedrichstadtpassage« nennen. Die Äußerung Honeckers über die »attraktive Einkaufsstraße« bezog sich vor allem auf dieses Vorhaben, das in gewissen Kreisen auch als »KaDeO« bezeichnet wurde.

Die Eröffnungsvorstellung des Friedrichstadtpalastes am 27. April 1984.

Die Nachrichtenagentur ADN meldete am 29. Februar 1980, daß ab 1. März keine Vorstellungen mehr im neben dem Berliner Ensemble gelegenen Friedrichstadtpalast stattfinden könnten, weil der Magistrat von Berlin »im Interesse der öffentlichen Sicherheit« die sofortige Schließung veranlaßte. Schon am 26. Juni des darauffolgenden Jahres wurde der Grundstein für den Neubau gelegt. Nicht an alter Stelle, der Abriß des sich absenkenden und erhebliche Risse aufweisenden »Alten Friedrichstadtpalastes« erfolgte erst 1985. Der neue »Palast« wurde an der Friedrichstraße 107 gebaut, dort wo einst die Artillerie-Kaserne und nach dem Zweiten Weltkrieg der Zirkus Barlay stand. Am 27. April 1984 fand die Eröffnungsrevue statt – »Premiere: Friedrichstraße 107«. Das neue Revue- und Varietégebäude setzte Maßstäbe, es war Mitte der achtziger Jahre das modernste seiner Art in Europa: Die Bühne besaß eine Portalbreite von 24 und eine Tiefe von 52 Metern, die eingebaute Drehbühne einen Durchmesser von 26 Metern, vor der wiederum eine kreisrunde Vorbühne von 11 Metern Durchmesser lag, die als Wasserbecken, Eisfläche, Zirkusarena oder gläserne Tanzfläche verwendet werden konnte. Die Bühne war ausgestattet mit einer leistungsstarken, modernen Lichttechnik und drei Flugwerken für spezielle Showeffekte.

Ein weiterer Großbau war das nach einem Entwurf von Karl-Ernst Swora von 1981–84 errichtete »Haus der Sowjetischen Kultur und Wissenschaften« zwischen Jäger-, Friedrich- und Taubenstraße. Eigentümerin war die UdSSR, heute gehört es dem russischen Staat. Nach der Einweihung am 6. Juli 1984 diente es der Präsentation der SU mit einer Exportmusterschau sowjetischer Volkswirtschaft, an russischer Küche orientierter Gastronomie, einem Buch- und Presseladen, einer über 50.000 Bücher umfassenden Bibliothek, einem Kinosaal für 200 Plätze, zwei Konzertsälen und vier Ausstellungsräumen sowie Gästewohnungen auf immerhin 24.000 m² Grundfläche. Auch dieser Neubau ist erhalten geblieben, hier befindet sich heute das »Haus der Kultur und Wissenschaft«.

Zum neuen Schick der DDR der achtziger Jahre zählte vor allem das Spitzenhotel der DDR, das »Grand Hotel« in der Friedrichstraße. Im August 1987 wurde das Haus mit der langgestreckten Front zur Behrenstraße und Abschrägung der Ecke zur Friedrichstraße eröffnet – eine Art

»frei zitierte« Reminiszenz an die im Krieg zerstörte »Kaisergalerie«, die an eben dieser Kreuzung gestanden hatte. Das große Portal an der Ecke Behrenstraße wie die von der übrigen Hotelfront abgesetzten »Passage«-Achsen sind dem Vorbild geschuldet.

Rückerinnerung des Gewesenen spielte in den achtziger Jahren in Ost-Berlin eine wichtige Rolle, besonders wenn es darum ging, bekannte, noch im Gedächtnis lebendige Gebäude für das Stadtbild wiederzugewinnen. Die einstige Passage gehörte zweifellos dazu. Hinter dem großen Portal der Kaisergalerie lag der diagonal ausgerich-

Der Intershop am Metropol-Hotel. Schlangen von Ost-Berlinern im April 1979.

tete Durchgang. Das »Grand Hotel« griff diese Diagonale mittels einer großen Treppenanlage auf. Über der Treppe öffnete sich der Blick zu den Umgängen der einzelnen Etagen, der – aber wer im Osten hatte schon diese Vergleichsmöglichkeit – sehr amerikanisch wirkte. »Mit modernen Technologien wurde ein Hauch des Stils der Jahrhundertwende geschaffen. ... Das Dachrestaurant Le Grand Restaurant Silhouette im Jugendstil schafft auch dem verwöhnten Gast eine luxuriöse Umgebung«, hieß es in einem Werbeprospekt 1987. Das Restaurant bot zudem einen guten Blick auf die Silhouette des Gendarmenmarktes. »Die 350 vollklimatisierten Zimmer und Appartments sind mit allem Komfort eines Fünf-Sterne-Hotels der Luxusklasse ausgestattet, so einem Stereo-Farbfernsehgerät mit 7 regionalen und 4 Videoprogrammen, Fön, Rasierspiegel und natürlich Telefon im Bad.« Für die Bürger des Arbeiter- und Bauernstaates waren die Übernachtungspreise – in West-DM, dafür mit der tröstenden Erläuterung »einschließlich Frühstück« – schlichtweg unerschwinglich: das Einbettzimmer kostete 275,– und das Doppelzimmer 350,– West-Mark die Nacht. Hier ging es schlichtweg um Devisen. »Im Grand Hotel werden Kreditkarten ... akzeptiert«, hieß es denn auch folgerichtig, »VIP-Service ist unser oberstes Gebot. Beginnend mit der Visabeantragung, über den grenzüberschreitenden Limousinenservice bis hin zur Zollfreimachung von im Haus gekauften Antiquitäten regelt das GRAND HOTEL für Sie alle Formalitäten.«

Dem DDR-Bürger standen immerhin verschiedene gastronomische Einrichtungen in der Nähe des Hotels offen, in denen in Mark der DDR bezahlt werden konnte. Das Ambiente war in jedem Fall vom Feinsten, und hier konnte die West-Verwandtschaft oder -Bekanntschaft auch mühelos ihren »Zwangsumtausch« loswerden. Und auch für die Ost-Berliner hatte das Grand Hotel zumindest einen Vorteil: Wer nach Besuch eines der Restaurants zur Hotel-Rezeption schlenderte und spätabends ein Taxi bestellte, ersparte sich so das endlose Warten an den Standsäulen und Straßenrändern. Taxifahrer allerdings ärgerten sich oft wegen des sicher geglaubten Westgeld-Geschäfts.

Die West-Berliner Friedrichstraße

An der Maßgabe einer Verbreiterung der Friedrichstraße hielt auch die Planung in West-Berlin lange fest. Das Primat hier hatte allerdings das Konzept einer »autogerechten Stadt«.

Eine in Ost-West-Richtung verlaufende Schnellstraße, die sechspurige »Südtangente«, sollte laut Flächennutzungsplan des West-Berliner Senats in den sechziger Jahren nördlich des Mehringplatzes den Verkehr aufnehmen. Die Anlage der Franz-Klühs-Straße, der jüngsten, die Friedrichstraße im rechten Winkel schneidenden Verkehrsader, verweist als einziger Vorgriff auf die nicht realisierte Südtangente. Weiter sah die Verkehrsplanung vor, die seit 200 Jahren auf den Belle-Alliance-Platz (seit 1947 Mehringplatz) zu- und wegführende Wilhelm- und Lindenstraße umzuleiten und diese mit dem Mehringdamm zum einen und der Zossener Straße zum anderen zu verbinden. Die direkte Zufahrt von der Friedrichstraße auf den Mehringplatz wurde aufgegeben, der Kreisverkehr eingestellt.

In der Folge des »Hauptstadtwettbewerbs« 1957/58 auf West-Berliner Seite hatte der Senat sechs Preisträger ausgewählt, ein städtebauliches Konzept für den Mehringplatz zu erstellen. Der Entwurf von Hans Scharoun wurde schließlich zur Realisierung vorgesehen. Scharoun setzte auf Beibehaltung der historischen Rondellform, umgab sie mit einer doppelten Kreisbebauung und dahinterliegenden Hochhäusern. Die scheinbar endgültige Teilung Berlins durch den Bau der Mauer bewirkte im Verlauf der sechziger Jahre ein deutliches Abgehen von dem am Mehringplatz geplanten Büro- und Geschäftsviertel in der südlichen Friedrichstadt, die nun ihre Verbindung zum alten Zentrum gänzlich verloren hatte.

Im Mai 1966 war Scharouns Bebauungsplan fertig. Doch lediglich das AOK-Gebäude kam seit 1968 auf der westlichen Platzseite durch Scharoun und Fleischer zur Ausführung. Danach sollten nur noch Wohnungen am Mehringplatz errichtet werden. Werner Düttmann entwarf im Auftrag der Neuen Heimat eine vier- bis sechsgeschossige Ringbebauung mit 13- bis 17-Geschossern am nördlichen und östlichen Rand. Bis 1975 wurden hier 1.500 Wohneinheiten für 3.000 Menschen geschaffen. Der durch seine Rundbebauung zum U-Bahnhof Hallesches Tor hin abgeriegelte Mehringplatz bildet seitdem eine Art grünen Hinterhof. Von seiner Mitte hat der Betrachter einen beeindruckenden Blick in die schnurgerade Friedrichstraße.

Neuen Schwung bekamen die Planungen erst durch die Internationale Bauausstellung 1984–87. Die Teilung Berlins schien unwiderruflich und machte eine neue Stadtentwicklungsstrategie erforderlich. Der West-Berliner Teil der Friedrichstraße im Bezirk Kreuzberg stellte seit dem Mauerbau und den Veränderungen am Mehringplatz lediglich eine Art Anwohnerstraße zwischen Franz-Klühs- und Zimmerstraße dar, die Hauptverkehrsströme brausten am Landwehrkanal entlang und durch die Kochstraße. Die stadtplanerische Auffassung, den südlichen Abschnitt der ehemaligen Friedrichstadt noch immer als Bestandteil des Citybandes zwischen Zoo und Alexanderplatz zu betrachten, wich der Realität, daß die Friedrichstraße auf Kreuzberger Seite nichts mehr mit dem früheren Zentrum der Altstadt zu tun hatte. Der Senator für Bau- und Wohnungswesen in West-Berlin beschloß im Jahre 1975 eine neue Initiative zur Stadtentwicklung. Die Leitidee war: »Die Innenstadt als Wohnort – rettet die kaputte Stadt«. Es ging dabei um die Erhaltung des alten Stadtgrundrisses, darum, die vorhandenen Gebäude zu integrieren in eine Neubebauung mit der traditionellen Mischung von Wohnen, Arbeiten, Kultur und Versorgung. So wurde der Theodor-Wolff-Park angelegt und nördlich davon an der Rahel-Varnhagen-Promenade ein Wohnblock errichtet, der sich an einen Altbau »anlehnt«. Zwischen Franz-Klühs-Straße und E.-T.-A.-Hoffmann-Promenade ist die östliche Straßenflucht wieder komplett geschlossen worden. Der Altbaubestand wurde dabei erhalten; es herrscht neue Wohnbebauung vor einschließlich eines neuen Schulkomplexes. Im Zuge der IBA ist Ende der achtziger Jahre auch der Altbau an der Friedrichstraße 12, das Gehörlosenzentrum, erweitert und umgebaut worden.

Der amerikanische Star-Architekt Peter Eisenman projektierte für die Brache Ecke Kochstraße gemeinsam mit Jaquelin Robertson einen IBA-Neubau, der zur Aufwertung und Wiederbelebung dieses Blockes beitragen sollte. Dabei ging es in Erdgeschoß und erstem Oberge-

schoß um Raumgewinn für das benachbarte Museum »Haus Checkpoint Charlie«, ansonsten um die Schaffung von 37 Sozialwohnungen und 11 Seniorenappartments.

Die südliche Friedrichstraße präsentierte sich damit am Ende der achtziger Jahre wieder so, wie sie einst entstanden war: mit der für Berlin sehr typischen Durchmischung von Arbeiten, Wohnen, Geschäften. Allein es fehlte ihr die Quirligkeit, die vor dem Krieg die Besonderheit der Straße ausgemacht hatte – eine Folge der Teilung der Stadt.

22. Juni 1990. Das Grenzübergangshäuschen des Checkpoint Charlie hat ausgedient.

Zurück zu neuem Glanz

Nach dem Mauerfall –
Abriß und Aufbau

Dezember 1989. Friedrichstraße, Ecke Unter den Linden. Vier Menschen stehen zusammen und reden über Quadratmeter. Einer sagt: 800, ein anderer: na ja, 200. Sie meinen Mark der DDR. Ein Jahr später treffen sich die vier wieder. Der Dritte sagt: 2.500 der Quadratmeter. Der

Vierte: 5.000. Gemeint ist nun die Deutsche Mark. Die vier kommen 10 Jahre lang immer wieder zusammen. 1999 heißt es lapidar: 25.000 DM. Die vier schauen sich an, keiner ist ernsthaft schockiert, höchstens etwas verwundert. Sie beschließen, sich zukünftig nicht mehr zu treffen.

Es hat sich sehr viel verändert.

Die Friedrichstraße besaß einmal eine hohe Dichte – an Gebäuden, an Geschäften, Hotels und Gastronomie. Sie galt als lebendigste Straße Berlins. Eine erste Zäsur war der Aufstieg des Neuen Westens, die Blüte des Kurfürstendamms ab den zwanziger Jahren. Das Ende des Trubels war der Krieg, von dem die Straße sich nicht erholte. Geteilt, zerschnitten lebte sie ausschließlich von der Vergangenheit. Ihr zu West-Berlin gehörender Teil wurde zu einem mehr oder weniger tristen Kreuzberger Straßenzug. Der Friedrichstraße in der »Hauptstadt der DDR« sollte mit großen, architektonisch aufwendigen Bauten real-sozialistischer Glanz aufgesetzt werden. Doch

Baugrube in der Friedrichstraße im Herbst 1992. Hier entstehen die Friedrichstadtpassagen.

lagen bis in die späten achtziger Jahre ganze Blöcke unbebaut, weil die Lücken, die der Krieg geschlagen hatte, nicht geschlossen werden konnten oder wollten.

Eines der noch zu Honeckers Zeiten begonnenen Renommierobjekte an der Friedrichstraße, die »Friedrichstadtpassagen«, konnte nach 1990 von der DDR-Warenhauskette »Centrum« nicht mehr vollendet werden. Der immerhin zu 60 Prozent vollendete Rohbau, dem ein Gutachten nach dem Mauerfall fehlende Tiefgaragenplätze, zu niedrige Raumhöhen, ungünstige Abstände der Stützpfeiler und aufgrund der Straßensituation eine problematische Warenanlieferung bescheinigte, wurde zwischen März und August 1992 vollständig abgerissen. Die Abrißkosten beliefen sich auf runde 25 Millionen DM. Schon am 9. Oktober 1992 wurde hier der Grundstein für ein Milliarden-Projekt gelegt, den Neubau der »Friedrichstadtpassagen« in den Blöcken Friedrichstraße

205, 206 und 207. Im Gegensatz zu dem von der DDR geplanten Passagen-Komplex, der ein auf 20.000 m² Fläche über alle drei Blockgrundstücke reichender Neubau hatte werden sollen, sind nun drei separate Baukörper entstanden, ohne Überbauung der Tauben- und Jägerstraße zum Gendarmenmarkt. Lediglich eine unterirdische Verbindung rechtfertigt noch den Begriff Passage, der alles ist, was von den Planungen der achtziger Jahre blieb.

Auch das »Grand Hotel« unweit des Bahnhof Friedrichstraße an der Ecke Behrenstraße, wo sich bis 1955 die Ruine der »Kaisergalerie« befand, mußte sich den Gesetzen der Marktwirtschaft fügen. Mit 26 weiteren Interhotels übernahm 1991 eine Berliner Immobliliengruppe das Haus von der Treuhand; drei große Banken beteiligten sich finanziell. Die Hotelkette »Maritim« trat als Pächter auf, zog sich aber 1995 zurück. Abriß-Gerüchte kursierten, das Hotel trage sich nicht, hieß es, etwas Neues

Am ehemaligen Grenzübergang Checkpoint Charlie entsteht das American Business Center. Rechts im Bild das frühere Verlagshaus der CDU der DDR, »Neue Zeit«. Januar 1996.

müsse an seine Stelle treten. Der Hotel-Entwurf stammte immerhin von dem japanischen Architekten Takeshi Inoue, auch der Projektentwickler, die weltweit operierende Kajima Corporation, in den Neunzigern als Partner beim Bau des Sony-Centers dabei, kam aus Japan. Allen Spekulationen zum Trotz betrieb die Deutsche Interhotel Holding zunächst das »Grand Hotel« weiter, ehe es 1998 für zunächst 20 Jahre von der Westin-Hotelkette gepachtet wurde, die mehr als 100 Hotels in über 20 Ländern der Welt besitzt, und die antrat, die Auslastung des »Westin Grand Berlin« auf 75 Prozent zu steigern. Mit dem ehemaligen »Grand Hotel« wurde ein Neubau aus den achtziger Jahren äußerlich und von seiner Nutzung her erhalten.

Das zu den Interhotels der DDR zählende »Metropol-Hotel« ist innen und außen total verändert worden, lediglich ein »Kernbestand« blieb. An der Friedrichstraße erreichten die Architekten nach dem Abriß des Spezialitätenrestaurant »La Habana«, der Salons »Wartburg« und »Sanssouci«, die kompakte Ummantelung der Straßenecken zur Mittel- und Dorotheenstraße durch Neubebauung. Nachdem sich das »Maritim« aus dem »Grand Hotel« zwei Straßenecken weiter zurückgezogen hatte, ist es nun im ehemaligen »Metropol« mit einem »Maritim pro Art« eingezogen.

Auch der Friedrichstadtpalast litt unter den neuen gesellschaftlichen Bedingungen, doch stand das Varieté- und Revuetheater in seiner Existenz nie ernsthaft in Frage. Am 1. Januar 1995 wurde eine landeseigene GmbH als Trägerin gegründet. Nach einigen Intendantenwechseln arbeitet das Haus seit Jahren konstant und mit erfolgreichem Programm. Der Fortbestand über das Jahr 2000 hinaus scheint gesichert.

In den Achtzigern gebaut, in den Neunzigern verkauft und abgerissen: das ehemalige Haus der Unterhaltung.

Für das »Haus der Unterhaltung«, an der Friedrichstraße zur Leipziger gelegen, gab es 1991 mit der Neuen Deutschen Spielcasino GmbH einen Käufer und Nutzer.

Doch die Treuhandanstalt entschied für einen Verkauf an die Victoria-Versicherung, die sage und schreibe 138 Millionen DM für Grundstück und Gebäude bot. Ausschlaggebendes Argument für die Treuhand war, daß die Versicherung überlegte, ihren Hauptsitz von Düsseldorf nach Berlin zu verlegen. Das war das Aus für den Plattenbau. Anfang des Jahres 1996 rückten die Abrißmaschinen dem Ende der achtziger Jahre fertiggestellten »Haus der Unterhaltung« zu Leibe. Die Victoria hat das Grundstück inzwischen weiterverkauft.

Quartiers aus Glas und Stahl: Tauentzien in Mitte

Als die Mauer fiel, die DDR unterging und das vereinigte Berlin zur neuen Hauptstadt der Bundesrepublik avancierte, wurde die Friedrichstraße zum Magneten für »Investorengemeinschaften, die sich für Renditen interessierten, nicht für das Gesicht einer Siedlung«. Schon bald zeichnete sich ab, daß sie »die teuerste Straße Deutschlands« sein würde. »Milliarden Mark sind seit der Wende in die 3,3 Kilometer lange Magistrale geflossen, für Bürobauten, Läden, Hotels«, berichtete der »Spiegel« 1996, und nannte als wohl teuerstes Neubauprojekt die neuen »Friedrichstadtpassagen«, deren Bausumme mit 1,4 Milliarden Mark beziffert wurden.[139] Der geplante Umzug der Bundesregierung und die Erwartung der in ihrem Gefolge in die Hauptstadt übersiedelnden Verbände euphorisierten die Investoren. Allein entlang der Friedrichstraße waren 1995 fast 500.000 Quadratmeter Büroflächen in Bau oder in Planung.

Vor dem Krieg hieß es, die Friedrichstraße habe mehr Lokale als Hausnummern, und sie war an Hausnummern nicht arm. »Ein Häuserblock war selber ein Stück Stadt, das aus einer Vielzahl unterschiedlich bebauter Parzellen bestand. Jede Fassade war anders beschaffen, die Häuserhöhen variierten.« Die neuen Bauherren der Neunziger hatten nicht Parzellen, sie hatten ganze Blocks erworben, die nun neu bebaut werden sollten. »Einhundert Parzel-

len ... bedeuteten hundert Eigentümer, hundert Individualinteressen, hundert Pläne, Träume, Schicksale, hundert Bauherren, hundert Architekten, hundert Fassaden, Eingänge, Fensterformen, Hinterhöfe.«[140] Damit war es endgültig vorbei. Definiertes Ziel an der Friedrichstraße war, wieder einen geschlossenen Straßenraum herzustellen. Bis zum Zweiten Weltkrieg durfte nur ausnahmsweise von einem Bauherrn eine ganze Blockfront bebaut werden – so bei Kasernen oder beispielsweise in der Friedrichstraße 194–199 beim »Haus Friedrichstadt«. In der Gegenwart dominiert der Block – in der Friedrich-

Das Büro- und Geschäftshaus Quartier 206 von Henry Cobb.

Die Friedrichstadt-
passagen im
Quartier 206 mit
Blick zum Lichthof.

straße gern auch »Quartier« genannt – allein schon deshalb, weil nicht mehr einzelne kleine Grundstücke gekauft werden, sondern in der Regel das ganze Blockgrundstück. So geschehen bei den Blöcken 205, 206 und 207, zwischen Mohren- und Französischer Straße.

Einen Bebauungsplan für die Friedrichstraße gab und gibt es nicht, und es zog auch niemand die Notwendigkeit eines solchen Planes ernsthaft in Betracht. Vieles hätte dadurch länger gedauert, zu lange. Investoren haben es oft sehr eilig, und sie wollen sich nur ungern etwas vorschreiben lassen. Doch Vorschriften immerhin hat es gegeben: Keine Hochhäuser, lautete eine, Bebauung maximal 22 Meter bis zur Traufe. Von dieser Höhe an waren »Geschoßzugaben« erlaubt, aber nur von der Straßenflucht zurückgestaffelt. Selten setzen Architekten heute im City-Bereich noch klassische Sattel- oder Walmdächer auf – Bauherren wollen verwertbare Geschoßflächen. Um reine Büro- und Geschäftshäuser zu verhindern, legte die Senatsbaudirektion fest, daß bei der Neubebauung eines Blockes wenigstens 20 Prozent Wohnanteil zu berücksichtigen sei. Das hieß nicht ausschließlich im klassischen Sinne Wohnungen, sondern auch »Boardinghaus« oder »Madison City Suites«. Oder es entstanden »dinks« – Appartments für Menschen mit »double income, no kids«.

Die Grundorientierung am »Berliner Block« – einer rechteckigen, mit vielen unterschiedlichen Vorder- und Hinterhäusern bebauten Grundfläche – ließ den Architekten zwei Möglichkeiten: eher »monoton« wirkende Fassaden, die den ganzen Block umfassen, oder die Blockfront durch verschiedene Hausfassaden innerhalb eines Blocks weniger »wuchtig« durchzubilden. Nach dieser Vorgabe wurde beispielsweise zwischen Kronen- und Mohrenstraße der Block 109, das »Kontorhaus Mitte« erbaut: Zentrum ist ein quadratischer, überdachter Hof, begrenzt von drei straßenseitigen und einen den Block im Westen, zum Nachbargrundstück hin abschließenden Flügel. Vorgabe an den federführenden Architekten Josef Paul Kleihues war, an der Kronenstraße einen Altbau zu integrieren und die drei straßenseitigen Fronten nicht einheitlich durchzugestalten. Drei Architekten neben Kleihues erarbeiteten zur Auflockerung der Blockfassade einzelne Haustypen an den drei straßenseitigen Fronten, den Eingang des »Kontorhauses« an der Friedrichstraße

gestaltete Kleihues selbst. Der Block hat eine einheitliche innere Struktur, von außen zu sehen sind verschiedene Einzelhaustypen, die den Eindruck erwecken, hier läge eine moderne Variante der Blockbildung aus separaten Häusern vor – es sind jedoch nur Einzelfassaden.

Ähnlich verfuhr eine Arbeitsgruppe aus Investor, Senatsverwaltung und Alteigentümern bei der Komplettierung des Blockes 208 zwischen Friedrich-, Behren-, Charlotten- und Französischer Straße. Vier Altbauten standen noch, drei an der Friedrichstraße, ein vierter an der Französischen Straße. Josef Paul Kleihues legte auch hier einen Gesamtplan vor, der vier Blockseiten und damit vier Architekten vorsah. Jeder von ihnen baute selbständig und mit eigener Gestaltungsmaßgabe: Kleihues an der Charlottenstraße ein Hotel für die kanadische »Four Seasons«-Kette, an der Behrenstraße der Schweizer Max Dudler einen reinen Wohnkomplex. Blieben zwei, die sich nicht einigen konnten, wer nun für die Friedrichstraße planen durfte. Man griff zurück auf die klassische Münzwurfmethode: die Friedrichstraße zog Hans Kolhoff, Jürgen Sawade mußte sich mit der Französischen Straße begnügen. Auflage für alle vier Architekten war neben der Einhaltung der vorgeschriebenen Gebäudehöhe samt gestaffelten Dachgeschossen, keine »historisierenden Fassaden« auszubilden.

Eine Ausnahme von diesem Prinzip hat es an der Friedrichstraße gegeben, als durch die Neubebauung der zu ummantelnde Altbau Friedrichstraße 79 so baufällig wurde, daß nur noch Abriß und Ersatz durch eine Kopie eine Lösung darstellte. Summa summarum ein Block, der durch einzelne Altbauten und diverse neue Einzelhäuser geprägt ist.

Der Kontrast des Blockes 208 zum im Süden zwischen Französischer und Jägerstraße gelegenen Blockes 207 könnte schärfer nicht sein. Hier sollte ein Architekt bauen, für unterschiedliche Nutzer zwar, aber ohne die Fassade in einzelne Segmente aufzugliedern. Der französische Architekt Jean Nouvel schnitt mehrere Kegel zur Belichtung in seinen Baukörper ein. Diese Transparenz setzt sich an der vollständig verglasten Fassade fort, die das Gebäude an drei Seiten umschließt. Das künstliche Licht, das aus dem Gebäude fällt, soll in der dunklen Jahreszeit seine Wirkung nach außen entfalten.

Mit künstlichen Lichteffekten arbeitete in der Nachbarschaft, im Block 206, auch der Architekt Henry Cobb, hier allerdings an der Fassade: Hinter Milchglasbändern angebrachte Lampen erzeugen bei Einbruch der Dunkelheit eine »Lichtfassade«, die schon von ferne die Aufmerksamkeit auf sich zu ziehen weiß. Bei Tageslicht soll der Kubus seinen Reiz durch vor- und rückspringende, zum überwiegenden Teil spitzwinklige Elemente entfalten.

Ein glasüberdachter Innenhof bildet das Zentrum des Neubaus, und im Inneren setzt sich die expressive, an Art deco erinnernde Gestaltung fort.

Das Kulturkaufhaus Dussmann, eröffnet im Herbst 1997.

Der sich anschließende Block 205 wirkt ungleich steifer und wuchtiger. Oswald Matthias Ungers arbeitet hier mit quadratischer Rasterung, um die Fassade aufzulockern und unterschiedliche Nutzungsbereiche zu differenzieren. Doch ist der Block, der von vier Straßen eingefaßt wird, für diese Art symmetrische Gestaltung schlicht zu groß, die Wiederholung der Form wirkt monoton.

Beim Bau des American Business Centers am ehemaligen Checkpoint Charlie ist auf eine den ganzen Baukörper charakterisierende Fassadengestaltung Wert gelegt worden. Die Aufträge wurden an verschiedene Architekturbüros vergeben, mit Ausnahme des Blockes 106, den der Nestor der amerikanischen Architektur entwarf: Philip Johnson.

Die steife Wirkung des Baukörpers wird nur an einigen Stellen von schrägen Fassadenteilen unterbrochen, die mit ihrem unteren Ende aus der Flucht heraustreten.

Einer, der sich den Vorgaben der Senatsbaudirektion zunächst nicht beugen mochte, war der Investor Peter Dussmann, der die Grundstücke zwischen Friedrich- und Dorotheen- und Mittelstraße erworben hatte, die bis zum Mauerfall überwiegend Brache gewesen waren. Im Frühjahr 1994 stellte Dussmann seine Pläne vor, nachdem bei einem Wettbewerb die Entscheidung für die Neubebauung des Grundstückes durch den Architekten Miroslav Wolv gefallen war. Doch beklagte sich Dussmann über den damaligen Senatsbaudirektor Hans Stimman und wird in etwa so zitiert: »Wir müssen in diesen Zigarrenkisten hausen, während Stimman in seinem historischen Bankpalais in der Behrenstraße sitzt.« Er selbst hätte lieber schöne alte Fassaden errichtet, als »Tiefkühlarchitektur« nach dem Geschmack des Senatsbaudirektors. Der Architekt Wolv wurde beauftragt, zwei Altbauten an der Dorotheenstraße und eine Fassade an der Mittelstraße zu integrieren, für einen alten Seitenflügel kam nur noch Abriß infrage.

Dussmann ließ einen architektonisch eher schlichten Komplex mit Laden- und Büroflächen sowie den geforderten 20 Prozent Wohnanteil errichten. Die Vermietung der Läden allerdings wollte nicht gelingen, doch der Unternehmer machte aus der Not eine Tugend und vermietete an sich selbst: Dussmanns »Kulturkaufhaus« eröffnete im Herbst 1997.

Nicht jeder Eigentümer konnte wie Dussmann seine Immobilie bei Vermietungsschwierigkeiten selbst nutzen. Gerade bei der Vermietung von Büroflächen gelang es trotz Sonderkonditionen und verlockenden Dienstleistungsangeboten nicht, den Leerstand entscheidend zu reduzieren. 1997 ging an der Friedrichstraße der erste Eigentümer in Konkurs. Die Kirschner-Gruppe aus Westfalen erwarb Anfang der Neunziger von der Treuhand das »Mädler-Haus« an der Ecke Leipziger Straße. Nach der Sanierung fanden sich weder Käufer noch Mieter für das historische Eckhaus. Der Regierungsumzug ließ auf sich warten, die Büroräume standen leer. Die Gläubiger-Banken, seit der Schneider-Affäre vorsichtig, erzwangen den Konkurs.

Ein Fall für den Beamtenbund: Das »Haus der Demokratie«

Nicht in jedem Fall war das Zusammentreffen von Mietern und Investoren von Harmonie und gemeinsamen Interessen geprägt. Ein Beispiel dafür, wie im Zuge der Verkündung des »neuen Boulevard« Friedrichstraße nicht-

Neue Architektur am Checkpoint Charlie: vorn das Triangel-Haus, rechts daneben das American Business Center.

kommerzielle Nutzer auf der Strecke blieben, ist das »Haus der Demokratie« in der Friedrichstraße / Ecke Behrenstraße.

»Die friedliche demokratische Revolution in der DDR wurde von Gruppen der oppositionellen Bewegung vorbereitet, die sich unabhängig von SED und totalitärem Staat zivilgesellschaftlich engagierten ... Aus ihrer Mitte heraus entwickelten sich jene Ideen und Konzepte, die schließlich zur Entmachtung der SED und zur Demokratisierung der DDR führten. Während der Wende erzwangen eine Mehrzahl dieser Gruppen, daß die SED ihnen politische Arbeitsmöglichkeiten in Form von Büros, Versammlungsräumen und Infrastruktur einräumte. Seit dem Januar 1990 entwickelte sich daraus mit dem ›Haus der Demokratie‹ jener symbolhafte Ort, wo Bausteine für die zivile Gesellschaft zusammengefügt wurden.« Am 8. Januar 1990 kündigte Gregor Gysi, der Vorsitzende der PDS, an, das ehemalige Haus des SED-Kreisvorstandes Berlin Mitte Oppositionsgruppen zur Verfügung zu stellen, um dem Vorwurf zu begegnen, diese hätten keine gleichberechtigten Chancen im bevorstehenden Wahlkampf. Am 18. Mai 1990 schrieb eine Vereinbarung die unbefristete Nutzung als Büro- und Versammlungsraum für diverse Vereinigungen auf Grundlage des Statuts Vereinigung Haus der Demokratie e.V. fest.

Eine erste Beunruhigung der neuen Mieter trat ein, als der Rechtsnachfolger des Oberschlesischen Steinkohlesyndikats, die die Immobilie 1941 erworben hatten, das Gebäude zurückhaben wollten. Die sowjetische Besatzungsmacht hatte das Steinkohlesyndikat enteignet, doch erteilten die Gerichte ein Restitutionsverbot. Die Treuhand und ihre Nachfolgerin verwalteten das Haus und behandelten es wie andere Immobilien aus ehemaligem »Parteivermögen«: Das Haus wurde verkauft und der Ertrag dem Bundesfinanzminister überwiesen, der das Geld dem Altschuldentilgungsfond zuschlagen mußte. Im Mai 1998 schließlich wurde ein Kaufvertrag mit dem Deutschen Beamtenbund geschlossen, der das ehemalige Pschorr-Haus für 14,7 Milllionen DM erwarb. Den gut 40 Nutzern wurde prompt die »außerordentliche fristlose Kündigung« ausgesprochen. Nach öffentlichen Protesten um Schadensbegrenzung bemüht, machte der Beamtenbund den Mietern ein Angebot: kein sofortiger Raus-

wurf, zweieinhalb Jahre weitere Nutzung zum Viertel der ortsüblichen Miete. Die daraufhin vereinbarte Unterzeichnung legte den Auszug des Hauses der Demokratie zum 31. August 1999 fest. Sein neues Domizil liegt in der Greifswalder Straße. Die Bürgerrechtsgruppen werden es dort, fern der Friedrichstraße und des Zentrums, schwerer haben, mit ihren Anliegen auf sich aufmerksam zu machen.

Ein Fall für René Kollo: Das Metropol-Theater

Seit 1955, mehr als vierzig Jahre, residierte das Metropol-Theater, Musentempel für Operette und Musical, im Hinterhof des Admiralspalastes. Nach dem Mauerfall hofften Intendanz und Ensemble auf dringend notwendige bauliche Verbesserungen. Seit der Eröffnung des Theaters an der Stelle der früheren Eislaufbahn des Admiralspalastes mangelte es beispielsweise an einem gut funktionierenden Bühnenbereich. Die neue Zeit weckte neue Hoffnungen. Zustande kam schließlich folgender Deal: Einer Investorengruppe wurde ein Grundstück überlassen, dessen Verkehrswert es ermöglichte, den Altbau zu sanieren und zu modernisieren. Darüber hinaus verpflichteten sich die Investoren, den Spielbetrieb in den nachfolgenden Jahren zu garantieren. Eine dringend notwendige Zusage, denn die Konkurrenz setzte dem Metropol hart zu.

Nach der Schließung des Schiller Theaters schien ein Ausweichquartier für die Zeit der Modernisierung gefunden, doch die Sache zerschlug sich. Dann schien eine landeseigene GmbH den Fortbestand des Hauses zu garantieren, das sich den Luxus eines allabendlichen Spielplanwechsels leistete, und die Übernahme durch eine solche GmbH wurde im Mai 1995 vom Berliner Senat beschlossen. Unterdessen hatte sich die Zahl der Mitarbeiter von 650 auf 384 reduziert. Neuer Intendant wurde René Kollo, der 1996 mit einer Inszenierung von Franz Lehárs »Land des Lächelns« aufwartete, 1929 unter Lehár im alten Berliner Metropol-Theater mit dem gefeierten Richard Tauber in der Rolle des Prinzen uraufgeführt. Die Premiere mit Kollo selbst als Prinz Zou-Chong war ein rauschender Erfolg, den die Verantwortlichen als vielversprechenden Neuanfang werteten. Am 1. August 1996 wurde eine Metropol-Theater-GmbH gegründet, deren einziger Gesellschafter Kollo war; die landeseigene GmbH hatte sich erledigt, ein landeseigenes Metropol-Theater gab es nun nicht mehr. Durch den Betriebsübergang erlosch nach einem Jahr der Kündigungsschutz für die Belegschaft.

Die Metropol-Theater-GmbH ging am 11. Juli 1997 in die Liquidation. René Kollo war seiner vertraglichen Verpflichtung, bis zu den Haushaltsberatungen des Berliner Senats einen Wirtschaftsplan vorzulegen, der eine Weiterführung des Hauses bis 1999 garantierte – bei gleichzeitiger Senkung der Subventionen auf jährlich 25 Millionen Mark – nicht nachgekommen. Der Senat lehnte die Übernahme der Gesellschafteranteile Kollos ab, kündigte den Zuwendungsvertrag, und für 379 Angestellte begann am 1. August 1997 die Arbeitslosigkeit. Eine Wiedereröffnung ist nicht in Sicht. Die Feier zum 100jährigen Bestehen des Theaters 1998 fiel aus.

Die geschäftigste Meile der Stadt – Ein Spaziergang

Die Friedrichstraße im Herbst 1999: Haus Nummer 1, gleich hinter dem Mehringplatz in Kreuzberg, beherbergt eine Kita, Nummer 246 gegenüber ein Restaurant, das nach einer Insel vor der Küste Jugoslawiens HVAR heißt. Durch einen ganz gewöhnlichen Berliner Straßenzug mit kleineren Kneipen und türkischem Obst- und Gemüseladen gelangt der Flaneur zur Kochstraße. Schlagartig ändert sich die Atmosphäre. Es wird lauter, der Verkehr nimmt zu, Touristen vor dem Museum »Haus am Checkpoint Charlie« bestimmen das Bild. Wo einmal der Grenzübergang war, betritt der Fußgänger eine andere, eine elegantere, mondänere Welt. Hier verrät die Straße am meisten von ihrer 28jährigen Teilung.

Sitz des Gesamtverbandes der Deutschen Versicherungswirtschaft e.V. (GDV) in Nr. 191 – 1948 in Köln gegründet, seit 1998 in Berlin.

Direkt an der Ecke Friedrich-/Zimmerstraße, dort, wo bis 1989 die Mauer verlief, residiert das Café Adler, und in Richtung Mitte folgt eine Vielzahl neuer Cafés, Bistros und Restaurants, dem Tempo der Neunziger angepaßt oft Schnellrestaurants für die gastronomische Versorgung der Touristen und der Beschäftigten in den vielen neuen Büros. Der Hauptumsatz in diesem Abschnitt der Friedrichstraße wird am Tage gemacht, wenn die Angestellten der Banken, Anwaltsbüros, Consulting GmbHs und Versicherungen auf die Straße strömen, am Abend flaut das Geschäft sichtlich ab. Im »Triangel-Haus« lockt eine Sandwich Coffee Bar, mit der ausdrücklichen Betonung »british«. Ein Stück weiter, im Philip-Johnson-Haus, eine amerikanische »Deli«-Kette, die in den USA einige hundert Filialen betreibt. Ein weiteres Schnellrestaurant befindet sich seit Juli 1998 im »Haus der Schweiz«, und auch dort fällt die Umsatzkurve nach 19.00 Uhr rapide ab. Auch die Bayern sind wieder da, im »Kontorhaus Mitte« an der Kronenstraße lädt ein bayerisches Lokal ein.

Wer es lieber französisch mag, besucht die Feinschmeckerabteilung der Galeries Lafayette. Dieses Kaufhaus in den »Friedrichstadtpassagen« dient vor allem dem »gehobene Shoppen«. Die Eröffnung im Februar 1996 wurde von einem großen Menschenauflauf begleitet, der guten Umsatz versprach, nachdem die Friedrichstraße so lange unter den vielen Baustellen gelitten hatte. Im benachbarten Quartier 206 bestimmt nicht ein Kaufhaus die Geschäfte, sondern verschiedene exklusive Anbieter vor allem amerikanischer Herkunft: ein Departmentstore, amerikanische Mode-Designer haben hier Boutiquen bezogen und verkaufen Juwelen, Gürtel, Taschen, Mode und »Life Style«. Luxus in dieser Qualität hat seinen Preis, der Berliner würde »gepfeffert« dazu sagen.

Die internationalen Boutiquen und Geschäfte an der Friedrichstraße, die sich vor allem im Quartier 206 konzentrieren, geben der alten Mitte Berlins ein Flair von Luxus und mondäner Eleganz. Aber auch »grundständigere« Unternehmen wie die bekannten Buchhandlungen Kiepert, Hugendubel und Dussmann sind an der Friedrichstraße vertreten. Und mit dem Umzug der Bundesregierung kommen gut 200 Verbände in die neue Hauptstadt. Der Gesamtverband der Deutschen Versicherungswirtschaft e.V. war der erste Spitzenverband der deutschen Wirtschaft, der nach Berlin übersiedelte und bereits im Februar 1998 den Neubau an der Ecke Leipziger/Friedrichstraße 191 bezog. Von hier aus nimmt er die Interessen seiner 463 Mitgliedsunternehmen gegenüber den politischen Institutionen wahr.

Für die Friedrichstraße ein Auftakt, weitere werden folgen. An der Weidendammer Brücke entsteht ein großes »Verbändehaus«. In diesen Neubau, der bis zur Planckstraße reicht, sollen sich diverse Verbände aus den Bereichen Handel, Dienstleistung und Tourismus einquartieren: der Hauptverband des Deutschen Einzelhandels, der Bundesverband des Deutschen Groß- und Außenhandels, die Versicherungsstelle der Deutschen Groß- und Außenhandels, der Gesamtverband Holzhandel, der Deutsche Hotel- und Gaststättenverband und der Bundesverband der Automatenunternehmer.

Ohne den Bundestagsbeschluß von 1991, Berlin zur neuen Hauptstadt der Bundesrepublik zu machen, wäre mit Sicherheit einiges anders gekommen in der Friedrichstraße. Was hier gebaut wurde und von wem, wer hierher zog und jetzt präsent ist, hat sehr viel mit dem neuen Status der Stadt zu tun. Der der lebendigen Vergangenheit geschuldete Mythos, die politischen Schlagzeilen, die vom Bau und der Dauerhaftigkeit der Mauer bestimmt waren, haben den Straßenzug im öffentlichen Bewußtsein immer gegenwärtig sein lassen. Die nach dem Fall der Mauer einsetzende Aufwertung der alten Mitte Berlins, die Möglichkeiten, an der Friedrichstraße zu investieren, sich an dem alten-neuen Straßenzug zu zeigen, völlig Neues, dem Zeitgeist Entsprechendes zu bauen, haben dazu beigetragen, daß hier und gerade hier eine der Hauptschlagadern des neuen Zentrums liegt.

Keine andere Straße des alten Berlin, vielleicht nicht einmal die Linden, werden an dieser neuen Bedeutung etwas ändern können. Die Friedrichstraße lebt wieder.

Hauptschlagader
des neuen Zentrums:
die Friedrichstraße 1999.

Anhang

Anmerkungen

1 Und grüß mich nicht Unter den Linden, Heine in Berlin, Gedichte und Prosa, Buchverlag Der Morgen, Berlin 1980, S. 133–134

2 Leopold Freiherr von Zedlitz, Neuestes Conversations-Handbuch für Berlin und Potsdam, Berlin 1834 (Neudruck, Leipzig 1979), S. 219

3 Friedrich Nicolai, Beschreibung der Königlichen Residenzstädte Berlin und Potsdam, Berlin 1786 (Nachdruck, Berlin 1980), S. 181

4 ebenda

5 ebenda

6 Walter Mehring, Friedrichstraße, in: »Der Berliner zweifelt immer« Feuilletons von damals vorgestellt von Heinz Knobloch, Buchverlag der Morgen, Berlin 1986, 3. Auflage, S. 361

7 siehe: Laurenz Demps, Der Schiffbauerdamm, Ein unbekanntes Kapitel Berliner Stadtgeschichte, Henschel Verlag, Berlin 1993, S. 14

8 Ernst Fidicin, Berlin. Historisch und topographisch, Verlag Jonas, Berlin 1843, S. 91

9 Friedrich Nicolai, Beschreibung der Königlichen Residenzstädte Berlin und Potsdam, Berlin 1786 (Nachdruck, Berlin 1980), S. 182

10 ebenda

11 Georg Gottfried Küster, Altes und Neues Berlin, III. Theil, Berlin 1769, S. 194

12 Friedrich Nicolai, Beschreibung der Königlichen Residenzstädte Berlin und Potsdam, Berlin 1786 (Nachdruck, Berlin 1980), S. 182

13 Ernst Fidicin, Berlin. Historisch und topographisch, Verlag Jonas, Berlin 1843, S. 162

14 Dr. Ed (Edouard) Muret, Geschichte der Französischen Kolonie in Brandenburg-Preußen, Berlin 1885, S. 313

15 Friedrich Nicolai, Beschreibung der Königlichen Residenzstädte Berlin und Potsdam, Berlin 1786 (Nachdruck, Berlin 1980), S. 672

16 ebenda, S. 674

17 Dr. Ed. Muret, Geschichte der Französischen Kolonie in Brandenburg-Preußen, Berlin 1885, S. 99

18 Friedrich Nicolai, Beschreibung der Königlichen Residenzstädte Berlin und Potsdam, Berlin 1786 (Nachdruck, Berlin 1980), S. 673

19 ebenda, S. 673/674

20 Versuch einer Historischen Schilderung der Hauptveränderungen, der Religion, Sitten, Gewohnheiten, Künste, Wissenschaften ec. der Residenzstadt Berlin seit den ältesten Zeiten, bis zum Jahre 1786. Vierten Theils Erster Band. Berlin 1796, S. 230/231

21 Friedrich Nicolai, Beschreibung der Königlichen Residenzstädte Berlin und Potsdam, Berlin 1786 (Nachdruck, Berlin 1980), S. 750

22 ebenda

23 Leopold Freiherr von Zedlitz, Neuestes Conversations-Handbuch für Berlin und Potsdam, Berlin 1834 (Neudruck, Leipzig 1979), S. 225

24 Historisch-diplomatische Beiträge zur Geschichte Berlin's, 5. Theil, Geschichte der Stadt, Hrsg. E. Fidicin, Berlin 1842, S. 220

25 ebenda, S. 220/221

26 Theodor Fontane, Gedichte, Cotta'sche Buchhandlung Nachfolger, Stuttgart und Berlin 1908, Der alte Zieten (1846), S. 242/243

27 Friedrich Nicolai, Beschreibung der Königlichen Residenzstädte Berlin und Potsdam, Berlin 1786 (Nachdruck, Berlin 1980), S. 245

28 ebenda

29 Historisch-diplomatische Beiträge zur Geschichte Berlin's, 5.Theil, Geschichte der Stadt, Hrsg. E. Fidicin, Berlin 1842, S. 518

30 Johann Georg Krünitz, Oeconomische Encyklopädie, oder allgemeines System der Staats- Stadt- Haus und Landwirthschaft, in alphabetischer Ordnung, »Servis- und Einquartierungswesen«, S. 378 ff. (1773–1798 insges. 73 Bände) Brünn

31 Friedrich Nicolai, Beschreibung der Königlichen Residenzstädte Berlin und Potsdam, Berlin 1786 (Nachdruck, Berlin 1980), S. 249

32 Brief vom 9. Dezember 1819, in: Gesammelte Werke, Band IX, S. 586

33 Brief vom 30. Januar 1828 an Friedrich Gentz, Kasten 66 der Sammlung Varnhagen, Jagiellonen-Bibliothek, Krakau

34 Theodor Fontane, Von Zwanzig bis Dreißig, Autobiographisches, Aufbau Taschenbuch Verlag, Berlin 1997, S. 336

35 ebenda, S. 336/337

36 Leopold Freiherr von Zedlitz, Neuestes Conversations-Handbuch für Berlin und Potsdam, Berlin 1834, S. 810

37 Heinz Knobloch, Im Lustgarten, mdv, Halle-Leipzig, 2. 1990, S. 13

38 Friedrich Saß, Berlin in seiner neuesten Entwicklung, 1846, Neudruck S. 56

39 Ernst Dronke, Berlin, Frankfurt a. M. 1846 (Nachdruck Luchterhand, Darmstadt und Neuwied 1974), S. 46

40 Theodor Fontane, Von Zwanzig bis Dreißig, Aufbau Taschenbuch Verlag, Berlin 1997, S. 230/231

41 Siehste woll, da kimmt er ... Lied der Zeit Musikverlag, Berlin 1987, S. 38/39

42 zitiert nach Bernt Engelmann, Berlin. Eine Stadt wie keine andere, Steidl Verlag, Göttingen 1991, S. 117

43 zitiert nach Engelmann, S. 119 ff.

44 Berliner Revolutions-Chronik, Darstellung der Berliner Bewegung im Jahre 1848 nach politischen, socialen und literarischen Beziehungen von Adolf Wolff, Berlin 1851, S. 163

45 Rudolf Virchow, Werk und Wirkung, Rütten & Loening, Berlin 1957, S. 58

46 Berliner Revolutions-Chronik, Darstellung der Berliner Bewegung im Jahre 1848 nach politischen, socialen und literarischen Beziehungen von Adolf Wolff, Berlin 1851, S. 163

47 Emil Dominik, Quer durch und ringsum Berlin, Eine Fahrt mit der Berliner Stadt- und Ringbahn, Berlin 1988 (Reprint der Originalausgabe von 1883), S. 48

48 Leopold Freiherr von Zedlitz, Neuestes Conversations-Handbuch für Berlin und Potsdam, Berlin 1834 (Neudruck, Leipzig 1979), S. 226

49 Berliner Adressbuch 1887, S. 58

50 Zeitschrift für Bauwesen, 1853, S. 210

51 zitiert nach: Hans-Werner Klünner, 165 Jahre Zirkusstadt Berlin, Eine Chronologie der Zirikusbauten an der Spree, Edition Berlin 750, 1987, S. 29

52 Zeitschrift für Bauwesen, 1860, S. 8

53 August Orth, Denkschrift über eine Reorganisation der Stadt Berlin, Berlin 1873, S. 15

54 zitiert nach: Vossische Zeitung vom 2. Mai 1886

55 ebenda

56 Julius Faucher, Vergleichende Culturbilder, Hannover 1877, S. 35

57 Karl Friedrich Schinkel, Reise nach England Schottland und Paris im Jahre 1826, Henschelverlag Kunst und Gesellschaft Berlin 1986, S. 65

58 Festnummer zur Eröffnung der»Kaiser-Gallerie«, 1873, S. 3

59 Brief an Emilie vom 10. August 1875; in: Theodor Fontane, Jenseits von Havel und Spree. Reisebriefe hrsg. von Gotthard Erler, Berlin 1991, S. 247

60 Robert Springer, Berlin, die deutsche Kaiserstadt, Darmstadt 1876, S. 135

61 Vossische Zeitung, 20. März 1873

62 Die Gartenlaube: Zwei stumpfe Ecke Berlins, zitiert nach Johann Friedrich Geist, Die Kaisergalerie, München/New York, S. 121

63 Vossische Zeitung, 2. Oktober 1879

64 August Fuhrmann, Das Goldene Buch der Zentrale für Kaiser-Panoramen, Berlin 1909

65 zitiert nach Michael Bienert/Erhard Senf, Berlin wird Metropole. Bilder aus dem Kaiser-Panorama, be.bra verlag, Berlin 1999, S. 8

66 zitiert nach einem Prospekt von Castan's Panpticum, Berlin 1888

67 Alfred Kerr, Briefe, 29. September 1895

68 Berlin und seine Bauten, Band I, Berlin 1896, S. LXXIII

69 Ernst Bruch, Der Straßenverkehr in Berlin, Berlin 1868, S. 34

70 Walter Mehring, Friedrichstraße, in: »Der Berliner zweifelt immer« Feuilletons von damals vorgestellt von Heinz Knobloch, Buchverlag der Morgen, Berlin 1986, 3. Auflage, S. 359-361

71 Berlin und seine Bauten, bearbeitet und herausgegeben vom Architektenverein zu Berlin und der Vereinigung Berliner Architekten, Band I, W. Ernst & Sohn, Berlin 1896, S.LXXII

72 Berlin und seine Bauten, Band I, Berlin 1896, S.LXXIII

73 zitiert nach Bernt Engelmann, Berlin. Eine Stadt wie keine andere, Steidl Verlag, Göttingen 1991, S. 143

74 Berliner Adressbuch von 1897

75 Handbuch der Presse der Reichshauptstadt 1895

76 Annemarie Lange, Berlin in der Weimarer Republik, Dietz Verlag, Berlin 1987, S. 218

77 August Orth, Denkschrift über die Reorganisation der Stadt Berlin, Berlin 1875, S. 23f.

78 Georg Brandes, Berlin, Berlin 1989, Kapitel 58, S. 466ff.

79 Lokomotive über der Friedrichstraße, Frankfurter Zeitung, 28. Januar 1933, zit. nach: Siegried Kracauer, Der verbotene Blick, Reclam Verlag Leipzig, 1992, S. 77/78

80 Theodor Fontane, Effi Briest, Aufbau Taschenbuch Verlag, Berlin 1995, S. 216

81 Theodor Fontane, Mathilde Möhring, Aufbau Taschenbuch Verlag, Berlin, I. 1995, S. 101

82 Alfred Kerr, Wo liegt Berlin? Briefe aus der Reichshauptstadt. Hrsg. Von Günther Rühle, Aufbau-Verlag 1997, S. 72 f.

83 Berlin und die Berliner. Leute. Dinge. Sitten. Winke., Karlsruhe 1905, S. 154

84 Peter Mugay, Die Friedrichstraße im Wandel der Zeiten, Edition Preußische Gesellschaft Berlin-Brandenburg e.V., Berlin 1997

85 Peter Mugay, Die Friedrichstraße im Wandel der Zeiten, Edition Preußische Gesellschaft Berlin-Brandenburg e.V., Berlin 1997

86 Curt Moreck, Führer durch das »lasterhafte« Berlin, Leipzig 1931, Reprint Nicolaische Verlagsbuchhandlung, Berlin 1996, S. 182

87 Im Dampfbad bei Nacht, Das Asyl der Reinlichen, in: Joseph Roth Werke I, Das journalistische Werk 1915-1923, Kiepenheuer & Witsch, Köln 1989, S. 488-490

88 Franz Hessel, Spazieren in Berlin, Verlag Dr. Hans Epstein, Leipzig und Wien 1929, S. 263

89 Franz Hessel, Spazieren in Berlin, Verlag Dr. Hans Epstein, Leipzig und Wien 1929, S. 263

90 Eduard Bernstein, Die Geschichte der Berliner Arbeiterbewegung. Ein Kapitel zur Geschichte der Sozialdemokratie, Berlin 1907-10, Elftes Kapitel, S. 324

91 Berlin und die Berliner. Leute. Dinge. Sitten. Winke., Karlsruhe 1905, S. 434

92 altes Berliner Sprichwort; für den Hinweis Dank an Frau Brigitte Hund, Berlin

93 Alfred Kerr, Wo liegt Berlin? Briefe aus der Reichshauptstadt. Hrsg. Von Günther Rühle, Aufbau-Verlag 1997, S. 108

94 Georg Grosz, Ein kleines Ja, ein großes Nein

95 F. T. Marinetti, Innendekoration 1925, zitiert nach: Zu Gast im alten Berlin, Hugendubel, München 1990, S. 24

96 Curt Moreck, Führer durch das »lasterhafte« Berlin, Verlag moderner Stadtführer, Leipzig 1931, S. 11

97 Ernst Dronke, Berlin, Frankfurt a. M. 1846 (Nachdruck), S. 67

98 Max Beckmann, Leben in Berlin, Tagebuch 1908/09, Sonntag, 10. Januar 1909, München 1966, S. 23

99 M. G-g. (Manfred Georg), Mit Albert unterwegs, Durch das unsichtbare Berlin, Frankfurter Zeitung 2. Juni 1923

100 Hardy Worm, Nächtliches Treiben im Roten Ballsalon, 1921, zitiert nach: Rund um den Alexanderplatz, Aufbau-Verlag, Berlin und Weimar 1981, S. 23

101 Franz Hessel, Spazieren in Berlin, Verlag Dr. Hans Epstein, Leipzig und Wien 1929, S. 261

102 Curt Moreck, Führer durch das »lasterhafte« Berlin, Verlag moderner Stadtführer, Leipzig 1931, S. 11/12

103 Walter Kiaulehn, Berlin, 1958 S. 394

104 Willy Prager, Soliman, der Feuerfresser, in: Sie werden lachen, Berlin o. J., S. 102 ff.

105 Walter Kiaulehn, Berlin, 1958 S. 391/392

106 Alfred Kerr, Wo liegt Berlin? Briefe aus der Reichshauptstadt. Hrsg. Von Günther Rühle, Aufbau-Verlag 1997, S. 24 ff.

107 Walter Mehring, Friedrichstraße, in: »Der Berliner zweifelt immer« Feuilletons von damals vorgestellt von Heinz Knobloch, Buchverlag der Morgen, Berlin 1986, 3. Auflage, S. 359-361

108 Der Himmel über Berlin, Ein Filmbuch von Wim Wenders und Peter Handke, Suhrkamp Verlag, Frankfurt a.M., 4. 1999, S. 136

109 Siegfried Krakauer, Ein Stück Friedrichstraße, Frankfurter Zeitung vom 14. Januar 1932

110 Berliner Tageblatt vom 21. Juni 1918, 47. Jahrgang, Nr.313

111 zitiert nach: Wolfgang Jansen, Das Varieté. Eine glanzvolle Geschichte einer unterhaltenden Kunst, Edition Hentrich, Berlin 1990

112 zitiert nach einem Beitrag von Michael Hanisch, Berliner Zeitung vom 23. Januar 1995

113 Der Artist, Nr. 561, vom 9. November 1895

114 Oskar Messter, Erinnerung an die Kinematographie in Deutschland, in: Die Kinotechnik 1927, zitiert nach: 100 Jahre Kino; Oskar Messter, Filmpionier der Kaiserzeit, KINtop Schriften 2, Stroemfeld Verlag, Basel und Frankfurt a.M. 1994, S. 30/31

115 Oskar Messter, Mein Weg mit dem Film, Berlin 1936, S. 68

116 zitiert nach Simone Ladwig-Winters, Anwalt ohne Recht. Das Schicksal jüdischer Rechtsanwälte in Berlin nach 1933, be.bra verlag, Berlin 1998, S. 119

117 Zentralblatt der Bauverwaltung, 1938 S. 485

118 Akte Landesarchiv Berlin: LAB A Rep. 225, Nr. 624

119 Der Prozeß gegen die Hauptkriegsverbrecher vor dem Internationalen Gerichtshof Nürnberg, 14. November 1945-1. Oktober 1946. Amtlicher Wortlaut in deutscher Sprache, Nürnberg 1947, NP Bd. 17, S. 488

120 Nürnberger Prozesse s. o., NP Bd. 17, S. 289

121 Nürnberger Prozesse s. o., NP Bd. 17, S. 289f.

122 Wolfgang Leonhardt, Die Revolution entläßt ihre Kinder, Band 2, Reclam-Verlag, Leipzig 1990, S. 485

123 ebenda S. 500

124 ebenda S. 502

125 Interview in: Staudte, Edition Filme 6, Berlin 1991

126 Die Materialien stellte freundlicher Weise die Familie Foss zur Verfügung.

127 ebenda

128 ebenda

129 Tagung des ZK der SED vom 15.–17. März 1951, Rede von Hans Lauter, zitiert nach dem Ausstellungskatalog der AdK zum Brecht-Jubiläum

130 Fritz Schenk, Im Vorzimmer der Diktatur, Zwölf Jahre Pankow, Kiepenheuer & Witsch, Köln 1962

131 wörtlich zitiert nach einem Mitschnitt einer Sendung des RIAS BERLIN vom 13. August 1986

132 zitiert nach Thomas Flemming/Hagen Koch, Die Berliner Mauer. Geschichte eines politischen Bauwerks, be.bra verlag, Berlin 1999, S. 87

133 Neues Deutschland, 5. Januar 1964

134 Jürgen Meyer-Kronthaler/Wolfgang Kramer, Berlins S-Bahnhöfe. Ein dreiviertel Jahrhundert, be.bra verlag, Berlin 1998, S. 86

135 Wolf Biermann, Deutschland,. Ein Wintermärchen, Kiepenheuer & Witsch, Köln 1972

136 Christa Wolf, Was bleibt, Luchterhand Verlag, München, 1990, S. 24

137 Deutsche Architektur, Heft 1, 1955, S. 40

138 15. Bezirksdelegiertenkonferenz der SED Berlin, Februar 1984

139 Der Spiegel, Heft 9/1996, S. 82 f.

140 Andreas Muhs/Heinrich Wefing, Der Neue Potsdamer Platz. Ein Kunststück Stadt, be.bra verlag, Berlin 1998, S. 131

Personenregister

Sach- und Ortsregister

Bildnachweis

Archiv be.bra verlag: Seiten 25, 36, 52, 54, 62, 71 (Aus: Curt Moreck:
    Führer durch das lasterhafte Berlin, Berlin 1996), 86, 87 (Aus: Renate
    Petras: Die Bauten der Berliner Museumsinsel, Berlin 1987), 89.
Archiv Dieter Breitenborn, Berlin: Seiten 102, 106, 111, 112, 120.
    Archiv für Kunst und Geschichte, Berlin: Seite 39 (Lucien Levy).
Archiv Hilkenbach: Seite 80.
Archiv Ralph Hoppe, Berlin: Seiten 28, 33, 61, 68, 70, 71, 72, 77, 119.
Bildarchiv Preußischer Kulturbesitz: Seiten 8, 9, 10, 11, 13, 35, 43, 58,
    63, 76, 104.
Bundesarchiv Koblenz: Seiten 96 (R 95964), 97 (H 27960), 107
    (183/0706/10/1), 117 (1990/0622/28).
Christian Härtel, Berlin: Seite 127.
Deutsches Historisches Museum: Seiten 94.
Landesarchiv Berlin: Seiten 31 (F Rep. 310, Nr. 78), 110 (F Rep. 290,
    Sammlung Wolfgang u. Erich O. Krueger, Nr. 27223).
Landesbildstelle Berlin: Seiten 12, 15, 16, 19, 24, 26, 32, 40, 41, 42, 49, 50,
    53, 64, 67, 66, 69, 68, 73, 79, 82, 84, 88, 90, 91, 93, 95, 100, 105, 106,
    109, 113, 114, 115, 121, 122, 124, 125, 129.
Michael Bienert, Berlin: Seite 118.
Otto Schnabel, Berlin: Seite 101.
Privatbesitz Familie Foss: Seite 98.
Stiftung Stadtmuseum, Berlin: Seiten 27 (Max Missmann), 37, 38, 45
    (Max Missmann).
Ullstein-Bilderdienst: Seiten 22, 23, 56, 59, 60, 74, 78, 92.

Wir danken für Genehmigungen zum Abdruck

Aufbau-Verlag, Berlin für Zitate von Alfred Kerr aus:
    Alfred Kerr, Wo liegt Berlin? Briefe aus der Reichshauptstadt.
    Hrsg. von Günter Rühle.
Luchterhand Literaturverlag für eine Passage aus:
    Christa Wolf, Was bleibt.
Suhrkamp Verlag, Frankfurt/M. für die Passage von Robert Walser
    »Friedrichstraße«, aus: Robert Walser, Das Gesamtwerk, Bd. 1
Verlag Kiepenheuer & Witsch für Verse von Wolf Biermann aus:
    Deutschland. Ein Wintermärchen.